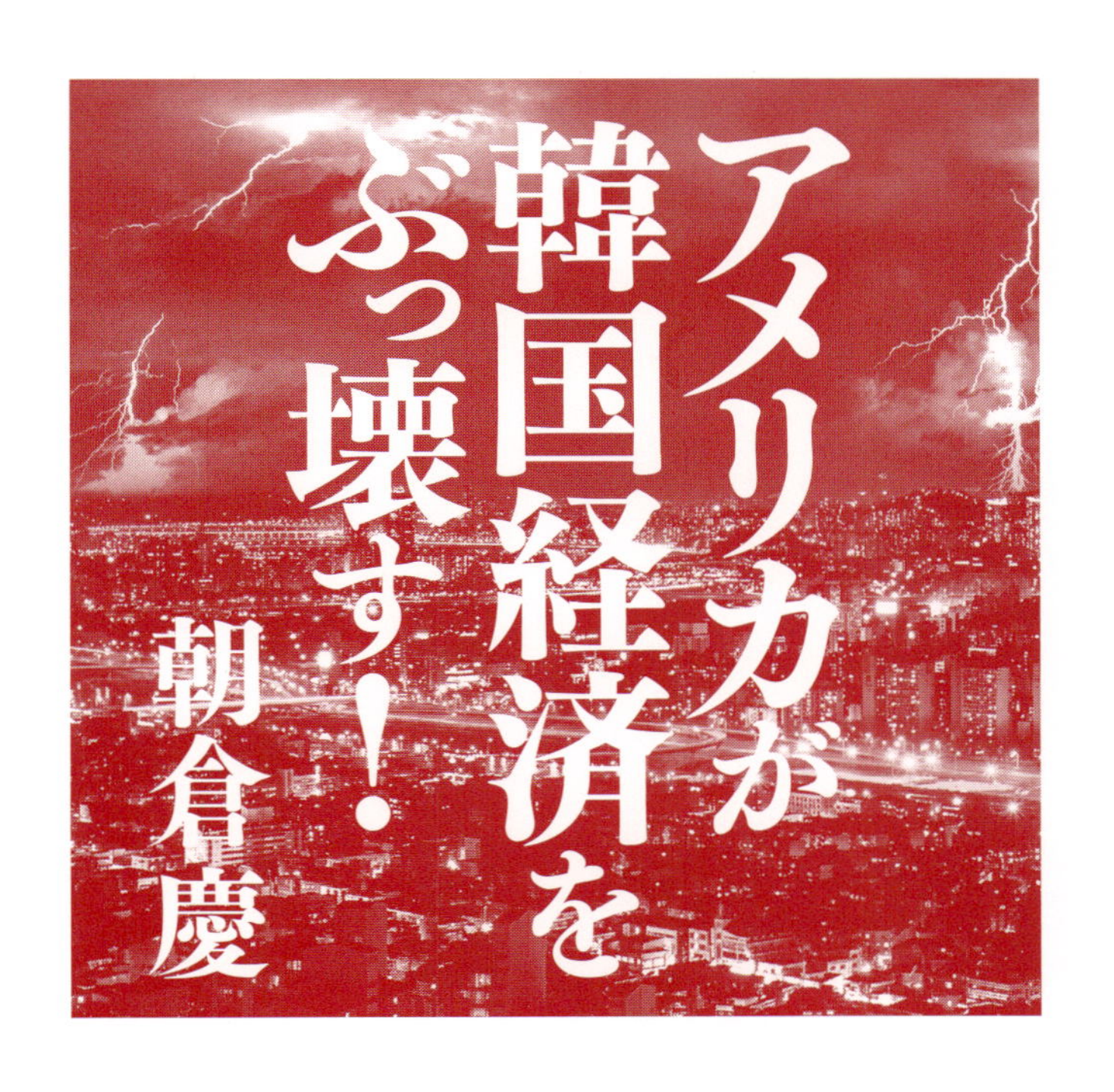

ビジネス社

はじめに

「加害者の日本が盗っ人たけだけしく騒いでいる。われわれはこの状況を決して座視しない」日本の対韓制裁発表を受けて、韓国の文在寅（ムンジェイン）大統領は激しい言葉で日本をののしりました。多くの日本人はこの表現にはあきれ返ったと思います。とても国のトップが発する言葉とは思えません。そして文大統領は「われわれは二度と日本に負けない。我が国の企業と国民は困難を克服する力量がある。逆境を跳躍へのチャンスと生かしていく」と韓国国民を鼓舞（こぶ）したのです。

文大統領によれば、〈韓国が北朝鮮と結んで平和経済を実現できれば一気に日本の優位に追いつくことができる。経済強国として新しい未来が開ける〉と言うのです。かつての西ドイツは経済的に遅れていた東ドイツを吸収して多大な犠牲を強いられました。いまでもその余波は続いているのです。現在の韓国と北朝鮮との経済格差はドイツが統一したときの数十倍にいたっています。仮に韓国が北朝鮮を助けるとなれば韓国側は想像を絶する犠牲をこうむることでしょう。とても韓国の人々がそのような膨大な負担を許容できるとは思えません。文大統領は経済音痴を通り越して妄想論者と言えるでしょう。

日韓の関係は目を覆うほどです。日米韓の軍事的な連携の証であったGSOMIA（ジーソミア）も韓国が一方的に破棄を通告してきました。両国の関係悪化はついに安全保障にまで影響を及ぼしてきたのです。連日のニュースで日本人の多くが韓国に対して嫌悪感を強めているようです。安倍政権による韓国に対しての制裁措置もほとんどの日本人に支持されています。なかにはもっと冷静に対応すべきとの論調も見受けられますが、おおむね日本政府の韓国に対しての強い姿勢は好感されているようです。

しかしながらどうしても今回の対韓制裁に対しての日本全体の反応は、大きな視点が欠けていると思うのです。ほとんどの日本人は今回の日韓関係の悪化は単に日韓の問題が予想以上にもつれてこうなったと考えています。ところが今回の日本の対韓制裁措置はきわめて強力で、下手をすれば韓国経済を本当に破滅に追い込みかねません。ひいては半導体生産に支障を来して世界経済に甚大な影響を与えかねないのです。なぜここまで強い措置に日本政府が踏み切ったのでしょうか？　これについて一般的には単に韓国への不信感から生じていることとだけ解説されています。

果たしてそうでしょうか？　韓国は世界の半導体生産の7割も握っているのです。その韓国に大きな打撃を与えることを、そのような大きな決断を米国は許容しているのでしょうか？

この本は7月20日、大手町で開催された朝倉セミナーの講演をベースにしてその内容を詳細に口述筆記したものです。セミナーでは日本の対韓制裁の真の狙いについて私なりの詳細な分析を話しました。そしてそのことに参加者全員が大きな衝撃を受けたようです。日本も韓国も大きな国ではありません。基本的に日本も韓国も米国や中国のような大国の影響下から逃れることはできません。人々は意識しようがしまいが、激変する日々の国際情勢の変化から知らず知らずのうちに圧力を受けて過ごしているのです。

折しも米国と中国の覇権争いは激化する一方です。昨年から始まった米中の貿易戦争は一時的な休戦はあるものの、基本的に解決に向かうはずもありません。米中対立の最前線はファーウェイをめぐる通信覇権奪取の戦いです。

そしてこの戦いは、どろ沼の様相を呈してきています。米中の関税合戦はいっこうに収まらず、ついには東シナ海や台湾をめぐる紛争にまで拡大、いまや米中の争いは安全保障の問題にまで拡大しつつあるのです。かようななか、好むと好まざるにかかわらず日本も韓国も米中の対立激化の真っただ中に引き込まれていくのです。

そして今回の日韓関係の悪化の大元はこの〈米中関係の悪化〉が底流にあり、日韓を通して米中の対立の〈代理戦争的な争い〉が起きている可能性が高いのです。

一般的に見れば今回の日韓関係の悪化は、文政権による徴用工の問題から発生した対立が予想外に拡大してしまったということでしょう。しかし日韓関係だけの問題であればこれほど激しくこじれていったでしょうか？　なぜ米国は日韓を仲介せず傍観を決めこんでいるのでしょうか？　悪化した日韓関係はもう二度とあと戻りできません。日本政府は韓国経済を潰すまで制裁を続けるでしょう。

なぜか？　それが米国の意思だからです！

韓国は世界の半導体生産を牛耳っています、言い換えれば韓国は世界におけるハイテク技術に欠かせないキーポイントを握っているのです。その韓国が文在寅大統領のような左派政権に支配されています。中国にすり寄って米国の言うことを聞かない！　そのような状態を米国が看過できるはずがないのです！

韓国を通じた無限の半導体供給を中国に与えては、やがてファーウェイはじめ中国企業はさらに強大になり、米国は通信覇権を中国に完全に奪われるでしょう。

米中の争いはもはやお互いを倒すところまでいかないと収まらない、〈勝つか、負けるか〉の戦いになりつつあるのです。日本は米国側につくしかありません。そしてその日本はまず、半導体の覇を握っている韓国を潰しにいくのです。もちろん決して表には出せない〈米国の強い意向〉を受けてです。

またこの本では北朝鮮をめぐる動向も詳しく解説しました。北朝鮮に「米軍基地ができる」というとんでもない情報があります。詳細に調べていくと、ありえない話でないことがわかります。本書全体を読みきれば、読者も〈なるほど〉とその可能性を感じ取れるでしょう。さらに日韓の関係悪化の元となっていると思われる、米国と中国の対立、ならびにファーウェイをめぐる最新情報もくまなく解説しています。対立激化という意味ではイラン情勢にも言及しています。

もちろん、株式市場、債券市場、為替市場、金相場など市場動向についても最後の章で、たっぷり解説しました。またこの段階でどんな投資をすればいいか、具体的な銘柄は何か⁉ そして投資の心構えまでも解説しました。混乱はますます激化していきます。どうぞ、この本を手にとって先行き不透明な時代を乗り切ってください。

第1章 対韓制裁の真相

第2章 巻き返すファーウェイ

第3章 敵を欲するアメリカ

第4章 中国の凄みと負の側面

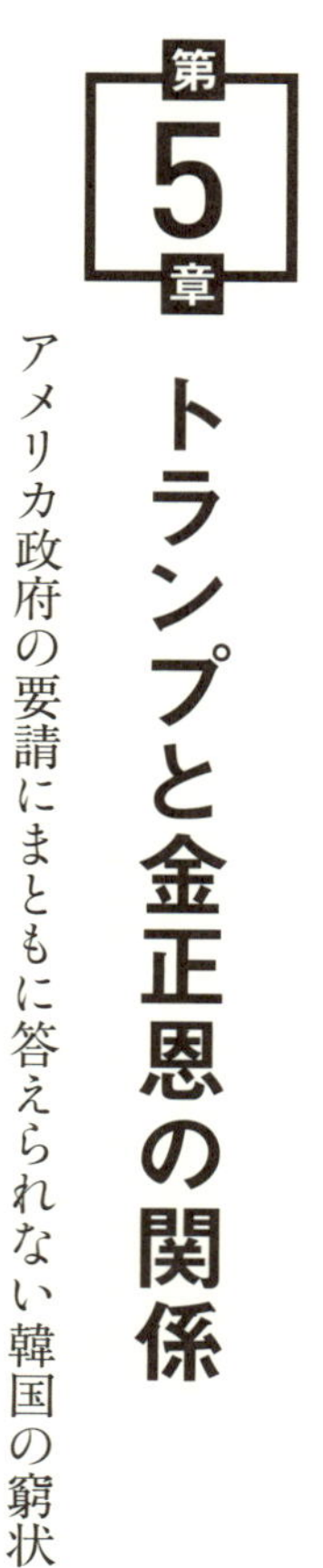

第5章 トランプと金正恩の関係

第6章 一触即発のイラン情勢

第7章 進行する円高とその背景を読む

第8章 ドル、債券、金、株の行方

第9章 注目の銘柄はこれだ！

第1章

対韓制裁の真相

トランプ流交渉術

『The Art of the Deal』（邦題：トランプ自伝）を読んでみると、実に興味深いことが書かれていましたので、その件を紹介しましょう。

「影響力とは、相手の欲しいものを持っていることだ。相手が必要なものならもっといい。それなしにはいられないものなら、最高だ」

要するに、交渉するときの、トランプ大統領の交渉術を示しているわけです。交渉する前に、相手の欲しがっているものを自分が持っているのが、最高の強みになるのだと。相手が必要とするものだったら、それを武器に使えばいい。相手がそれなしにはいられないものだったら、どうしようもないぐらいに最高だということなのだと。これを〝肝〟としているのがトランプ流交渉術にほかなりません。

ところで、「アメリカ第一主義」を引っ提げて登場してきたトランプ大統領の他国との交渉で徹底しているのは、多国間協定は絶対にしないことです。なぜでしょうか。それは大国であるアメリカという自分の持つ力が弱まるからです。

それですべて二国間協定にしている。二国間協定に持っていった場合は、圧倒的にでかい国のほうが強い。これが絶対的なテーゼとなっています。だから、アメリカとどこかの国が二国間で協定をすれば、アメリカはどこにも負けなくて一番有利な条件で契約することができる。これこそがトランプ大統領の信念なのですが、その通りなのです。

具体的な例を挙げましょうか。フィリピンと中国が領海問題で遣り合ったことがありましたけれど、そのとき中国当局はフィリピンからの輸入バナナの検疫を強化しました。すると上海港などで通関できなかったバナナが腐るなどしてフィリピンの業者に総額10億フィリピンペソ（約19億円）相当の被害が出てしまった。

『トランプ自伝』（筑摩書房）

バナナが入らなくたって、中国は痛くも痒（かゆ）くもありません。これではレースにならないですね。フィリピンはバナナを止められただけで干上がって、降参です。これが現実なのです。ここが二国間交渉における大国の強み、弱小国の弱みなのです。

トランプ流に影響を受けた安倍首相

ご存知のとおり、トランプ大統領と非常に親しい安倍首相はトランプ流交渉術にかなり影響を受けているものと思われます。

相手の欲しがっているものを自分が持っているのは強みになる。相手がそれなしにはいられないものなら最高だということで、今回、韓国に向けて行った制裁はまさしく、トランプ流を地でいったものでした。

半導体材料の「フッ化水素」「フッ化ポリイミド」「フォトレジスト」という3品目は韓国の半導体メーカーには必須で、その8割超を日本からの輸入に依存していました。安倍首相はそこを突いたわけです。

そのうえ、安全保障上懸念がないとして輸出手続きを簡素化する優遇対象国、いわゆるホワイト国から韓国を外してしまいましたよね。

やっぱりトランプさんを見ていて、影響されているのです。交渉はどういう風にやったらいいのか。安倍さんはそれをずっと温めていて、今回、伝家の宝刀を抜いたということだと思います。

ところで、私は今回の一件についてはアメリカの意向が相当入っているはずだと見ています。日本が韓国にされたこと、つまり国際協約を踏みにじったのは確かに腹の立つことでした。先の戦争のことを決して蒸し返さないという条約を結んでいままでやってきたのを手のひら返ししたわけですから。

国際協定違反に腹が立つのはわかるのだけれども、徴用工の賠償問題は、金額にするとせいぜい数十億円のレベルにすぎないでしょう（この問題が他のアジア諸国に波及しないとして）。

ところが、今回日本が韓国にやっていることは、下手をすれば韓国経済が潰れる話です。打撃を受けるスケールが数段違うわけです。

シンプルに言えば、向こうに10やられたことを100か1000ぐらいにして返している感じなのですね。ちょっと釣り合いが取れていないといった感じがしていたので、「まさかこれはやらないな」と私は思っていたのですが、現実にやってしまった。ということは、私は日本の意思だけではなく、もっと大きな意思が今回は働いている、というふうに見るべきだと思っています。

ファーウェイと付き合う以外の選択肢はない韓国

ここで例のファーウェイについて少しふれておきましょうか。というのは、韓国経済の行く末とファーウェイは切っても切れない関係にあるからです。

ファーウェイの状態ですけれども、次ページの表をご覧のとおり、2018年まではどんどん伸びてきてスマホの出荷台数は2億台以上になりました。けれど、19年については7000万台の下方修正を行っていて、今回の米国によるファーウェイへの制裁は大分効いたと思います。

ファーウェイはアメリカに激しく攻め立てられ減額修正になったわけですが、決して白旗を上げたわけではありません。スマホの出荷こそ減らしたものの、さまざまな面で成長を続けています。

次世代通信規格「5G」に対応したスマホはこの8月に発売開始となっていますし、「5G通信網」構築についてはすでに30カ国と契約しているのですね。韓国、フィリピン、ブラジル、アルゼンチン等々。ヨーロッパではイタリア、それから中東のUAEなども契約し

ファーウェイのスマートフォン出荷台数

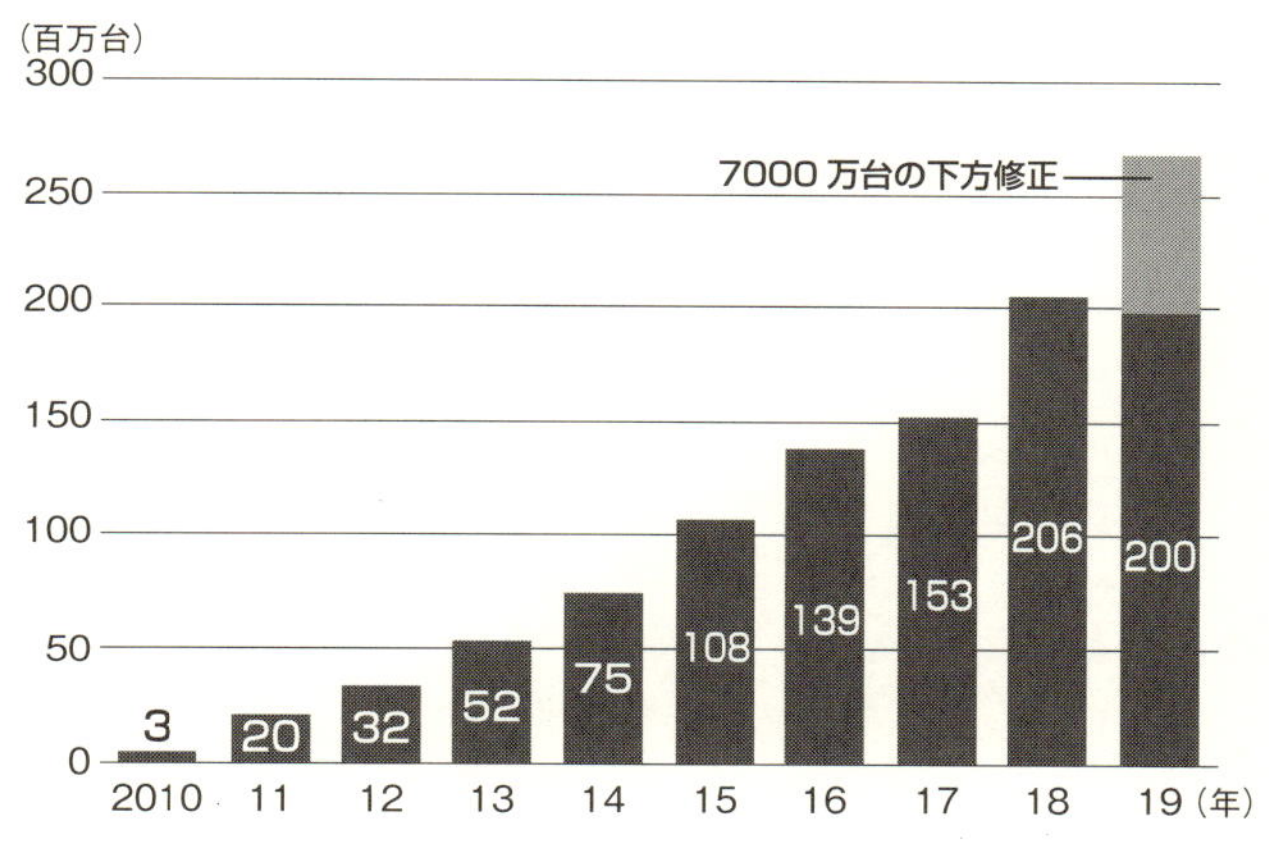

出所：2010〜17年はファーウェイの発表値、18年以降はIHSマークイット
出所：週刊エコノミスト（2019年7月16日）

ています。

アメリカからあれだけの圧力を受けるファーウェイの5G通信網を拒絶しているのは、実際には日本とオーストラリアとカナダぐらいしかありません。他の国はアメリカの要請に応えていません。NATOを通じた同盟国である欧州でも、ファーウェイ排除を正式に表明している国は1カ国もないのです。これが現実です。

ファーウェイの機器は安くて性能が良く、アメリカ側はファーウェイの優秀さに対抗できる製品を提示できていないという弱みもあります。

韓国もファーウェイの「5G通信網」構

築に参加しているわけですが、それなりの事情があります。2018年の韓国の輸出先の割合を見ると、中国が26・8%で、アメリカは12%なのですね。要は、アメリカの倍以上も韓国経済は中国に依存しているわけです。ファーウェイへの韓国企業の販売額だけで107億ドル、1兆1600億円にも達しています。

しかも、韓国のGDPに占める輸出の割合は約50%にもなります。そして半導体のシェアは約20%にもなっています。これはどういうことかと言うと、韓国は半導体で持っている国なのです。中国にこれだけ売っているわけですから、中国とのビジネスを具体的に止めることはできません。そのようなことを行えば、韓国経済は破綻に追い込まれます。

中国との緊密な経済関係は韓国経済の屋台骨に関わる問題ですから、韓国の産業界と政界はファーウェイとこれまで通りビジネスを続ける以外に選択肢はないわけです。

ところが、ご存知のとおり、アメリカは韓国に米軍基地を持っています。そこで在韓米軍が安全保障に関するさまざまな通信を行っているのに、ファーウェイの機器を使うのは、本来は許されることではありません。当然ながら、軍事上の秘密だってある。

したがって、アメリカ側は「どうしてもファーウェイの機器は導入するな」と徹底的に圧力をかけ続けていると思います。それは公には言わないけれど。

韓国の大統領府はどうでしょうか。「アメリカとの交渉については一切公言できない」と言っています。その件についてはまったく話せないと口をつぐんでいるわけです。

アメリカ側からは再三にわたり、韓国内でファーウェイの機器を売らないように、それからファーウェイの5G通信網には参加しないようにと徹底的に通達されていると思います。それをずっと断り続けてきたというのがこれまでの流れで、いくら言っても翻りません。〈中国との緊密な関係は何としても維持する〉というのが韓国政府の基本方針なのですね。

半導体製造に過剰依存する韓国経済

かねてより韓国はきわめて財閥中心型の経済で、GDPの約7割をサムスン、現代、ロッテなどの10大財閥が稼いでいる、いびつな経済になってしまっています。財閥系以外はまったくふるいません。

日本みたいにソニーもあって、京セラもあって、パナソニックもあって、ソフトバンクもあって、そういうふうに裾野がものすごく広い経済ではなく、完全な財閥依存型なので

サムスンの連結営業利益

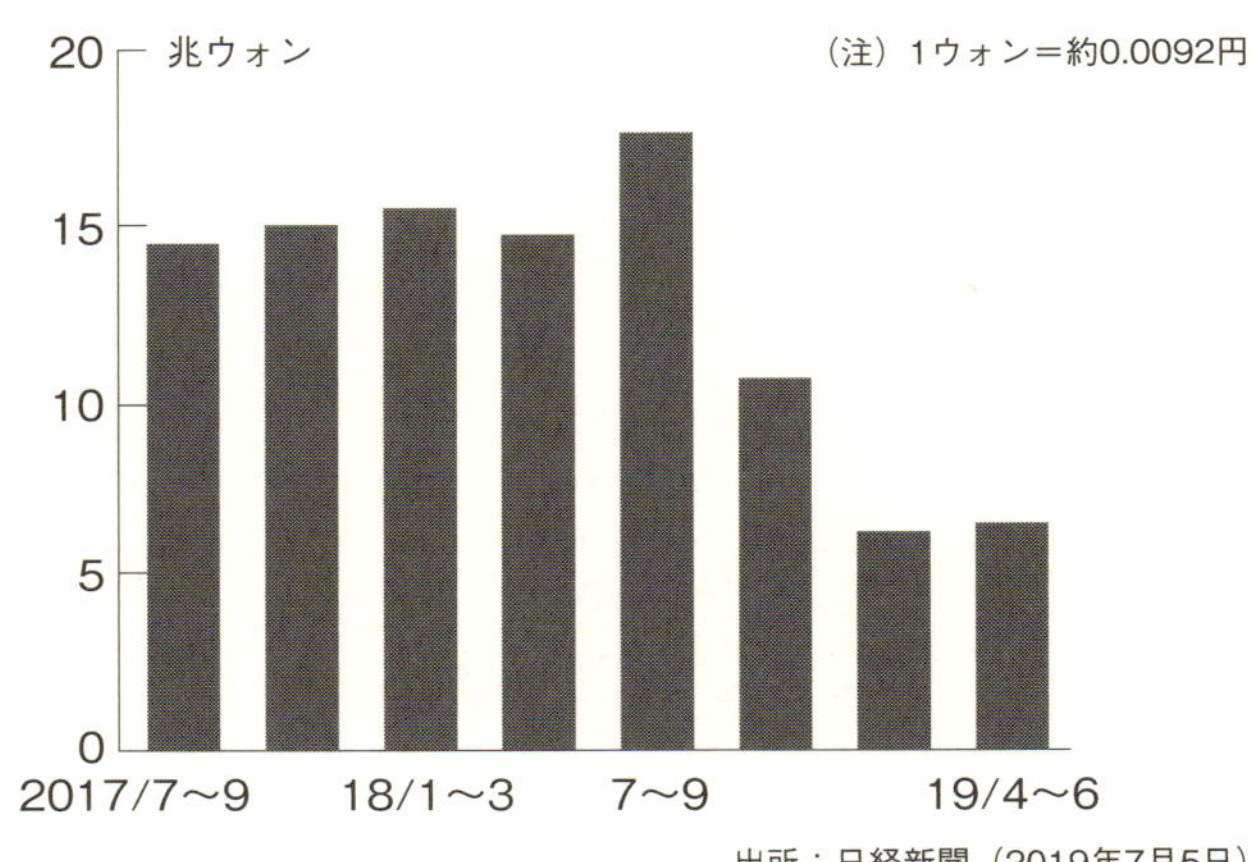

出所：日経新聞（2019年7月5日）

す。韓国経済は10大財閥におんぶにだっこ。実質、ほとんど支配されているとみていいでしょう。

特にそのなかでも断トツに強いのがサムスン財閥です。このサムスンが現在もっとも稼がせてもらっているのが実は中国市場なのです。

一見すると、ファーウェイとサムスンは宿命のライバルのように見えます。もちろんそういう関係もあるにはあるのだけれども、実際にはファーウェイに対してサムスンはものすごくモノを売っているんですね。つまり、中国に輸出しているわけです。

それから韓国にはＳＫハイニックスという会社があります。これもファーウェイにモノを売っているわけです。何を売っているのかというと、両社とも半導体製造企業です。

この売り上げが相当大きくて、サムスンは2018年に6割近い増益を達成しています。むろんこれは半導体の売り上げが絶好調であったからでした。2018年1月は東京エレクトロンなど日本の半導体関連企業の業績も好調でしたが、なかでもサムスンは図抜けていました。

このときは半導体のスーパーサイクルと言われていて、「中国製造2025」を始めた中国は次から次へと設備投資を行い、そこに日本のメーカーも含めて半導体関連の電子部品メーカーは波に乗ったのです。ですから半導体関連企業はおおむね潤ったのですが、先にもふれたとおり、サムスンは絶好調の体でした。

ところが、昨年中頃から米中の貿易摩擦が本格的に始まると、半導体の価格はピークの半分、物によっては8割ぐらいの急落をみました。今年1~3月期、4~6月期のサムスンの営業利益は前年同期比で6割近く落ちたのです。けれども、引き続きこの半導体の売り上げに韓国経済が依存するのは否めないわけです。

韓国が抱える大きな矛盾

経済的には中国に依存していて、かたや安全保障ではアメリカに依存をしている。こんな大きな矛盾を抱えているのが韓国という国なのです。

だったらどっちの言うことを聞いたらいいのか。ということで板挟みになってしまっているのが現在の韓国の実状といえます。

一方、アメリカ政府としては、ファーウェイの製品が韓国の5G通信網に使われれば自国の安全保障上の懸念が生じるわけですから、「それはまかりならん」と言い続けています。当たり前のことを主張しているだけです。韓国はアメリカの同盟国なのだから。北朝鮮と対峙（たいじ）しているはずの国なのです。

韓国は同盟国としてアメリカの政策に積極的に協力し、最終的にはファーウェイ製品を韓国からすべてなくす必要がある。アメリカ政府は非公式にはそう言い続けているわけです。

おそらく文在寅大統領は「わかりました、わかりました」と言っているだけなのでしょ

ファーウェイへの主要半導体・電子部品供給メーカー

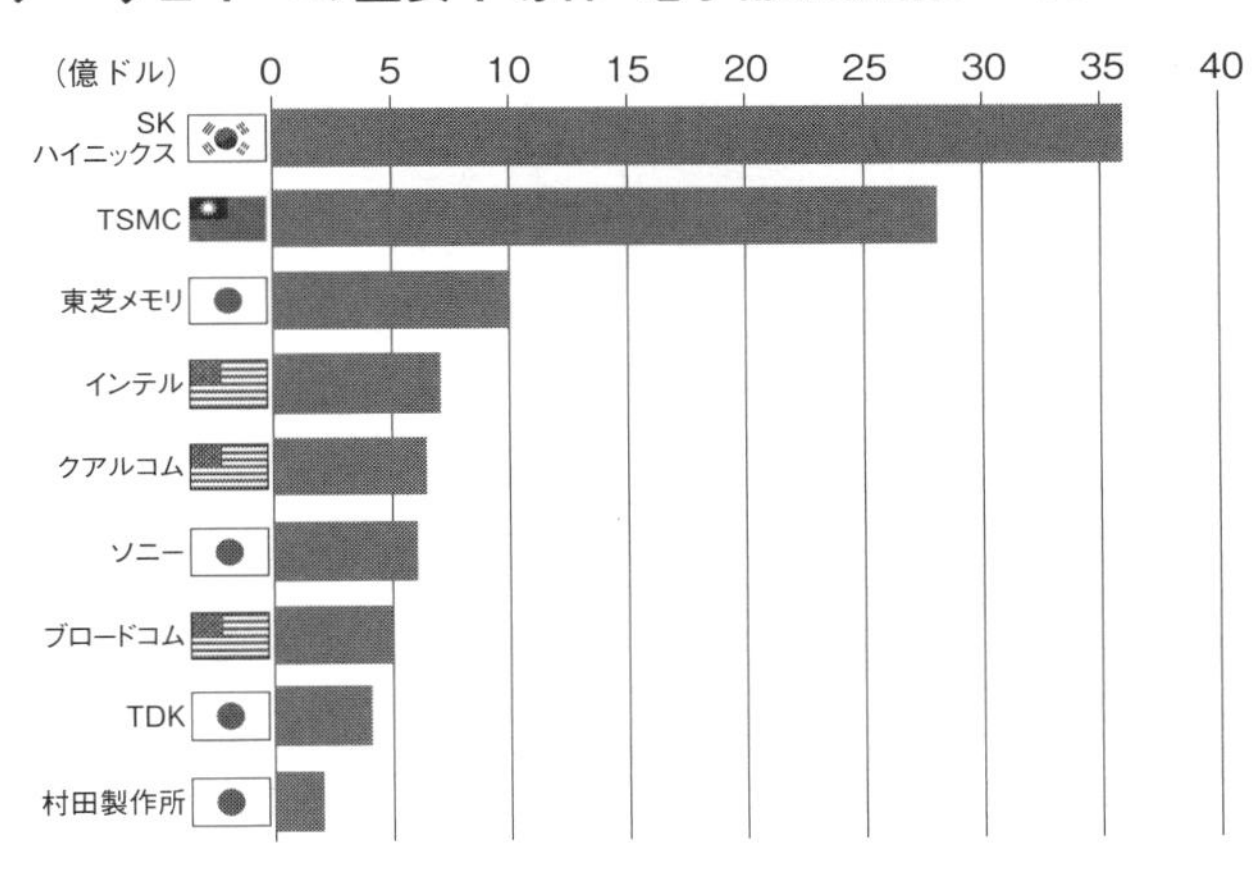

（注）2018年実績　（出所）IHSマークイット
出所：週刊エコノミスト（2019年7月16日）

う。とにかく決断力に乏しく、反日以外のことは何も決められないというのが文政権の最大の特徴なのだから困ったものです。

左派の彼は、どこにもいい顔をしたがる。弱い人にもいい顔、アメリカにもいい顔、中国にもいい顔をしたがるわけです。ということで、アメリカの要請に対しても「流れに任せますよ。企業家に任せますから」とはっきりと方針を出さないできました。これは駐留基地を持っているアメリカにとってはとてもではないけれど許せない。そんな状況になっているのでしょう。

上の図は、どの主要半導体・電子部品メーカーがファーウェイに供給しているのかを示したものです。

サムスンは半導体を供給していますが、主力半導体と電子部品については韓国のSKハイニックスがトップ、第2位が台湾のTSMC（台湾セミコンダクター・マニュファクチャリング）になっています。この2社が突出しているのです。

今後はアメリカの同盟国の企業である東芝メモリ、ソニー、TDK、ソフトバンク傘下の英ARM（アーム）などはファーウェイへの供給をストップするし、当然ながらアメリカ企業のインテル、クアルコム、ブロードコム、インテルも供給しない。Googleもしないと表明しています。すると、今後ファーウェイを支えていくのはSKハイニックスとサムスン、TSMCのみになります。

かつては日本のお家芸だった半導体製造

いま韓国のホワイト国除外問題でにわかに注目を浴びているのが半導体材料の「フッ化水素」です。日本企業のフッ化水素の世界シェアは約80％。専門メーカーは3社あるのですが、森田化学工業がほぼ独占しています。

このフッ化水素が実質禁輸、韓国に売らないということになると、大変なことになります。サムスンが手当てできたとか、自国で製造するとか韓国側は虚勢を張っているものの、そんな簡単なものではありません。中国にもフッ化水素メーカーはあるにはあるのですが、品質面ではまったくアテにできません。

これは半導体を洗浄する精密化学原料です。純度が99・99％という、べらぼうに高い純度でないと、きちんと半導体を洗浄できないわけです。異物が溜まればせっかくの製品がオシャカですから、ここは日本メーカーの独壇場といえます。

実は、以前韓国にもフッ化水素メーカーがあったのですが、液体の漏出で大事故を起こしてから、日本からの輸入に切り替えたわけです。この事故の際、フッ化水素製造に反対して廃業に追いやったのが、当時、野党議員だった文在寅、その人でした。皮肉な話です。

考えてみれば、そもそも日本は半導体製造でナンバーワンの国でした。半導体は日本のお家芸とも言われたほどでした。そのポジションから引きずり降ろしたのがアメリカでした。1980年代後半に行われた日米貿易交渉。当時の日本の半導体産業はDRAMを中心に世界の半導体のシェア50％超で独走、エース企業はNEC。まさに絶頂期を迎えていました。

ところが、日米半導体交渉で半導体は安全保障に関係するという理屈をつけてアメリカがものすごい勢いで攻めてきて、日本はとても対抗できないというか、反対できないところに追い込まれてしまったのです。アメリカ側の代表は、現在の通商代表（ＵＳＴＲ）ロバート・ライトハイザーでした。

そのときに結ばされた「日米半導体協定」の契約内容はかなりえげつないものでした。というのは、日本は外国製（要はアメリカ製）の半導体を2割使用しなければならないというもので、数値目標まできっちりと明文化されてしまった。１９８６年のことでした。

インテルはじめ当時のアメリカの半導体メーカーは技術的にまったくオソマツだったので、日本が輸入すればクズを買うようなものでした。

ではどうするか。結局、日本の半導体メーカーのエンジニアをアメリカに派遣し、技術を教えて、その技術で半導体をつくらせて、日本に輸出させて、それで2割という目標を達成させたわけです。まったく馬鹿げた話だけれど、本当にそれをやらされた。これでは半導体製造の技術者がやる気を失うのは当然でしょう。

日本はまさにアメリカに半導体産業をブッ潰されたのです。日本ではちょうどその頃にバブルが崩壊しました。次から次へと日本は不況のスパイラルに陥ってしまい、半導体産業もやむを得ずリストラに踏み切るしかありませんでした。

そうした日本の半導体産業のリストラ要員を全部囲い込んだのがサムスンだったわけです。「来てください、教えてください」と。ここから韓国の半導体メーカーが一気に台頭してくる流れができたのです。

アメリカの狙い

こうして日米半導体協定を契機に日本の半導体製造はまったく衰退してしまいました。現在は韓国のＳＫハイニックスとサムスンで世界の7割近いシェアを持っており、半導体の世界地図は大きく塗り替わっています。

けれども、半導体関連の部品やフッ化水素に代表される精密化学原料、あるいは半導体製造装置などについては依然として日本が強いわけです。

先にふれたとおり、フッ化水素がないと半導体は完成品になりません。問題はフッ化水素は戦略物資であることです。これまで韓国は、日本が安全保障上の信頼関係があると認めたホワイト国だから輸出できていたわけです。

日本は中国にはフッ化水素を輸出していません。非ホワイト国でグループCということと、まだ半導体を本格的に生産していないことも理由かもしれません。

これまでは日本から韓国に輸出されたフッ化水素は、韓国を中継して中国に輸出されていました。どうしてかというと、中国にSKハイニックスとサムスンの工場があるからです。中国内のSKハイニックスとサムスンの工場で半導体をつくってその半導体をファーウェイに納入しているわけです。

中国の泣き所は半導体なのです。原油の輸入額よりも半導体関連の輸入額のほうが大きくて、約2倍にもなります。それほど海外から供給を受けている。トランプ大統領の言葉を思い返してください。

「影響力とは、相手の欲しいものを持っていることだ。相手が必要なものならもっといい。それなしにはいられないものなら、最高だ」

ですから、アメリカはなんとかして中国への半導体の供給網を潰したいわけです。

それで、クアルコムをはじめとするアメリカの半導体企業、さらに日本の半導体企業に中国への供給をストップさせた。けれども、韓国がどうしても言うことを聞かない。

だから、アメリカは半導体製造に不可欠であるフッ化水素をはじめとする精密化学原料などの輸出を、日本から韓国経由で中国に行かないようにしたかった。

韓国は同盟国アメリカからの「安全保障上の懸念が生じるため、最終的にはファーウェイ製品を韓国からすべてなくす必要がある」とする強い要請について、「いまはコメントできない。結論を急ぐわけにはいかない」とのらりくらりかわし続けていると先に述べました。

その一方で韓国は、結果的に同盟国アメリカに対するこんな〝裏切り〟を働いています。というのは、韓国の移動通信第3位のLGユープラスがファーウェイの5Gの基地局を世界に先駆けて採用したからです。これが優れモノで、これまで50キログラムもあった機器が20キログラムへの軽量化に成功、取り付けが従来のものより格段に容易になりました。それまで二人がかりでやらなければ設置できなかったのが、一人でもできるようになったのです。

軽量化の威力は絶大で、LGユープラスは機器の設置を一気に拡大しました。なんとわずか4カ月で1万局の基地局の設置を終え、韓国は世界に先がけて晴れて5G時代のスタートを切ったというわけです。

米トランプ政権によるファーウェイ排除の方針が明らかになってきたのは、5G基地局の設置が終盤にかかった5月中旬のことでした。すでにLGユープラスは膨大な設備投資を終えた後で、これを元に戻すことなど、とてもできません。

他方、サムスン電子はファーウェイの5Gの基地局を採用していません。5Gの技術開発については自前で行っているからです。

米中間で股裂き状況に陥っている韓国

中国にとってもファーウェイ問題は自国の命運を賭けた、譲ることのできない死活問題といえます。中国の半導体の自国生産比率は20%未満ですから、半導体の輸入なしにはハイテク産業は機能しません。

したがって、世界の半導体シェアの大部分を持つ韓国企業のSKハイニックスとサムスンとの取り引きは〝生命線〟となっています。この韓国企業2社との取り引き継続は、中国とファーウェイにとり、死活的な問題なのです。

6月初旬、中国当局はアメリカのファーウェイ排除の流れを受けて、マイクロソフト、デルなどのアメリカ企業、SKハイニックスやサムスンなどファーウェイと取り引きのある韓国企業の幹部を呼び出しました。

その席で「中国版エンティティリスト（輸出禁止対象企業一覧）」が示されたといいます。そして、呼び出した企業の幹部に対して、「われわれはビジネス以外の目的で中国企業への供給を止めた外国企業を指定し、中国企業との取り引きを制限する」と強く釘を刺したそうです。これは中国への輸出に大きく依存する韓国企業にとり、血の気が引く会合だったでしょう。アメリカも強引で強硬ですが、中国は陰湿で、アメリカ以上に強引、かつ強硬なのです。

ここまで読まれてわかるように、いま完全に韓国は、ハイテク覇権をめぐる大国の意思に翻弄（ほんろう）され、「アメリカ側に付くべきか、中国側に付くべきか」の決断ができない股裂きのような状況に陥ってしまっています。

ＴＨＡＡＤ配備で中国の不買運動に晒された韓国

なぜ朝鮮半島は北朝鮮と韓国に分かれてしまったのでしょうか。アメリカと中国が朝鮮を舞台に戦争して、１９５３年の朝鮮戦争休戦協定に基づいて38度線に休戦ラインを引いたからでした。

要は朝鮮民族の意思で朝鮮半島が半分に分かれたわけではなかったのです。両国は小国ゆえに絶えず近隣の中国と日本に目配りしなければならないという歴史をたどってきました。

韓国にとってここで一番難しいのが（北朝鮮も同様でしょうが）、中国とどういうバランスを取るのかということ。そしていまは日本よりもアメリカとどういうバランスを取るかなのです。

下手を打つと、とんでもない目に遭わされてしまいます。２０１６年、韓国は中国に散々痛めつけられました。その理由は、韓国政府がアメリカの要請を聞き入れてＴＨＡＡＤ（サード）（高高度防衛ミサイル網）の配備を決めたからでした。

怒り心頭に発した中国は民間の交流をストップさせ、中国から韓国への団体旅行を禁止しました。当時、韓国は中国からの観光客が急増中でしたから、この影響だけでも甚大でした。

さらに中国は韓国企業の不買運動を起こしました。これによりサムスンの中国におけるスマホのシェアは半減しました。現代自動車の売り上げは3分の1にまで減少しました。もっともひどい被害を受けたのはTHAADの配備のために嫌々土地を提供したロッテグループでした。当時ロッテグループは99店のロッテリアを中国内でチェーン展開していたのですが、消防法による査察を受け、ほぼ全店が消防法違反とされ、営業停止に追い込まれました。最終的には中国からの撤退を余儀なくされたのです。

ここまで徹底的に不買運動を中国にやられてはお手上げです。だから怖い、あの国は。日本企業も2012年に尖閣諸島をめぐる問題で反日運動が高まりを見せ、パナソニックやイオンやレクサスの店が焼き討ちに遭いました。

2016年の一件は、中国に逆らったらどうなるかという強烈なトラウマを韓国政府、韓国企業に与えたわけです。

対韓制裁は日米の見事な連携プレー

韓国国内では「反中世論」は絶対に盛り上がりません。だから結局、韓国からすると、いろいろと文句をつけることができるのは日本だけなのです。でも、20年前だったらそんな文句も言えなかったと思います。

かつての韓国は完全に日本・アメリカ側にいて、日本の影響力がとても大きかったわけです。だから、その当時は日本の言うことを聞いたかもしれません。

ところが近年はけっこう露骨に変わってきました。先に見たように2018年の中国への輸出割合が全体の26・8%もあります。アメリカは12%で日本は5%ぐらいだから、経済的な結びつきがものすごく少なくなってきているわけです。ちなみに2000年当時の韓国の輸出割合を振り返ると、アメリカ21・8%、日本11・9%、中国10・7%だったのです。中国が大きく伸びた一方で日本が激減したのがわかります。

また1人当たりのGDPを比較すると1990年当時、日本は韓国の1000倍近かったのに昨今は1・25倍にまで差が縮まっています。ですから韓国は強気になってきました。

だから、左派政権だからということもあるけれど、余計にイチャモンをつけてくる。しかしながら、中国に対しては何の文句も言えないというのが、いまの韓国の実相です。

したがって、韓国は絶えず、中国、北朝鮮とうまく折り合いをつけていかなければならない。一方ではアメリカともうまくやらなければいけない。けれども、今回はアメリカに対して答えを出さないできました。

私が主宰する経済レポートにも書いたのですが、6月30日に大阪でのG20を終えたトランプ大統領は韓国へと向かいました。その足で米韓首脳会談が行われたわけですが、メディアはこの会談は北朝鮮との関係を調整するための会談と伝えていました。

そして板門店で歴史的な米朝会談が実現した。メディアは米朝会談ばかりに注目していたけれど、私はトランプ大統領がわざわざ韓国入りしたのは、金委員長と会うためではなかったと思っています。あれはたまたまスケジュールが合っただけの話だった。米韓首脳会談の本命はファーウェイの問題ではなかったかと推理します。

アメリカが韓国とファーウェイとの取り引き拡大を放置し続けるはずはありません。だからトランプ大統領は文大統領に、「お前は約束してきたろう。ファーウェイを排除するのではなかったのか。なのに全然やってないじゃないか、どうなんだ」と強く迫ったのではないでしょうか。

とはいえ、アメリカ側も韓国にファーウェイ排除を正式に要請していることは絶対に公表できません。なぜなら、アメリカがここまで押しても韓国が何の色良い返事もしていないのが明らかになったら、アメリカの力の低下を満天下に知らしめることになるからです。面子(メンツ)丸潰れ。だからこれは秘密交渉なのです。

結局、文政権は煮え切らない態度に終始しました。それではとトランプ大統領はかねてからの計画どおり、思惑が一致していた安倍首相を通じて、対韓制裁に踏み切ったのだと思います。米韓首脳会談が不首尾に終わったのが6月30日。翌7月1日に対韓制裁発動の発表。何よりも絶妙のタイミングで対韓制裁発動の発表がなされていることが日米の連係プレーであったことを物語っています。

今回の日本の対韓制裁発動、韓国のホワイト国からの除外とは、韓国潰しというより、ファーウェイ潰し、中国潰しが目的なのです。そのカギを握っているのがSKハイニックスとサムスンが供給する半導体。その供給経路さえ止めてしまえば、ファーウェイもそう長くはないからです。繰り返し言っておきます。今回の対韓制裁はアメリカの戦略に沿った日米の見事な連携プレーであったのです。

第2章

巻き返すファーウェイ

ファーウェイの「5G通信網」に参加するイタリア

現実にはファーウェイのスマホをはじめとする機器は価格が安いうえに高性能を備えており、圧倒的に競争力に長けています。しかも、アメリカ勢は太刀打ちできる製品を市場にリリースできていません。だから、アメリカがいくら同盟国にプレッシャーをかけても、ファーウェイ排除がなかなか広がっていかない。

欧州で真っ先にファーウェイの「5G通信網」構築への参加を決めたのはイタリアでした。イタリアといえば中国が提唱する経済圏構想「一帯一路」にも参加、覚書に署名しています。さらに同国北部のトリエステ港とジェノバ港の整備プロジェクトに関しても合意したと発表されています。今年3月末のことでした。

欧州内ではギリシャ、ポルトガルなどが一帯一路に参加していますが、G7ではイタリアが初めてです。

このときは通信分野における合意はなかったのですが、私はいずれなし崩し的な格好になるだろうと予測していました。案の定、7月中旬、ファーウェイが今後3年でイタリア

成長し続けるファーウェイ

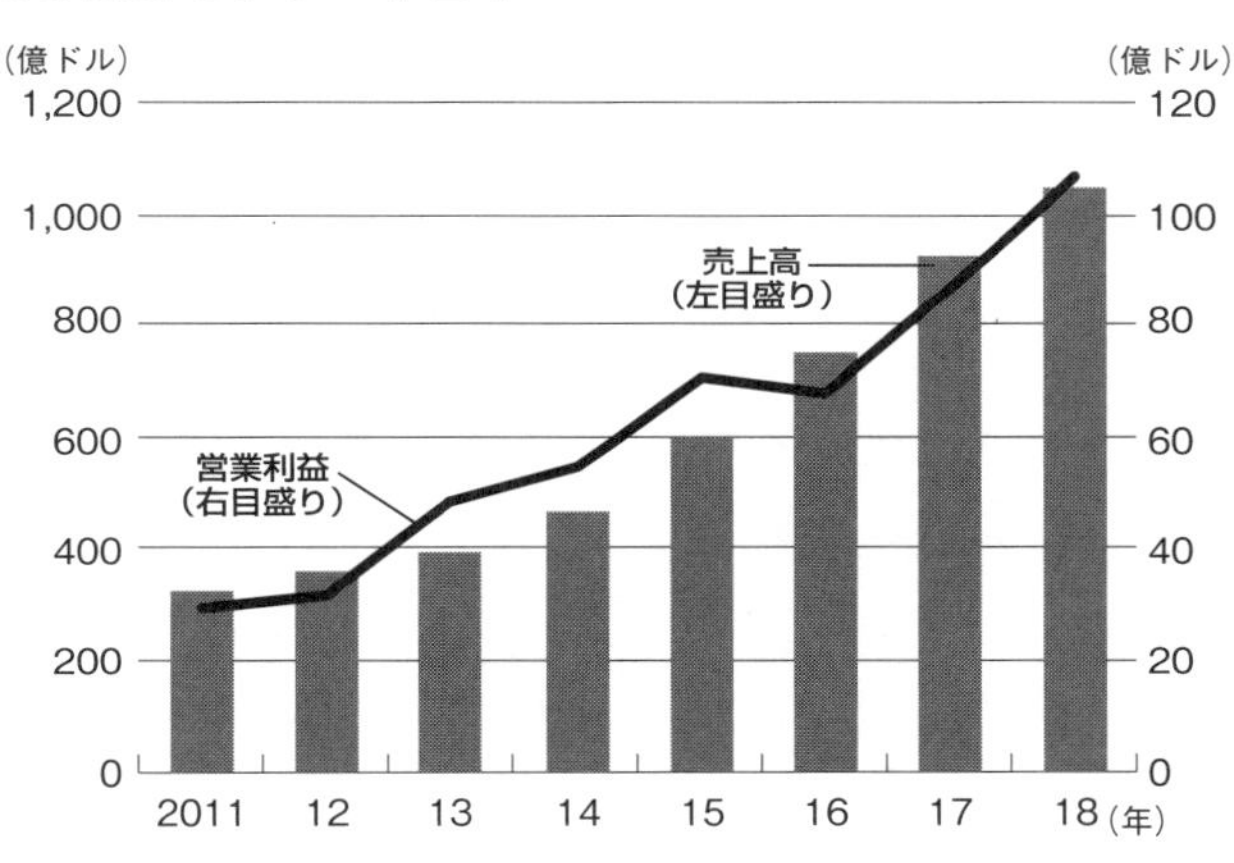

出所：ファーウェイ
出所：週刊エコノミスト（2019年7月16日）

に「5G通信網」構築を中心に3400億円の投資を行うとする計画を発表しました。まあ、ファーウェイの5Gに決めてくれた〝ご褒美〟のような感じでしょうか。

トランプ政権がファーウェイに対する禁輸措置に踏み切ったことから、ファーウェイはアメリカから撤退。ファーウェイ向けに部品や機材を供給していたアメリカ企業は年間100億ドルの売り上げを失うことになりそうです。

そして、いまファーウェイの拡販の勢いが凄まじいのが中南米です。いわゆるラテンアメリカ諸国。アルゼンチン、ブラジル、コロンビア、ウルグアイ、グアテマラ、エクアドルなどの国々があるのですが、皆さんのラテンアメリカに対するイメージは如何でしょうか。

おそらくものすごく治安が悪くて、麻薬がらみの犯罪が多いというのがラテンアメリカ。そんなイメージを持たれているのではないかなと思うわけですが、実際、その通りなのです。

そこにファーウェイやZTEなどの機器やシステムを売り込むためのチーム・チャイナが怒涛（どとう）のように乗り込んで行きました。

「治安が悪くて大変でしょう。〝中国並み〟の治安を実現したければ、われわれの監視カメラと5Gに対応した監視システムを導入すべきです」

結果は大成功、ラテンアメリカ諸国の強い「治安改善ニーズ」に実にうまいことマッチしたプロジェクトといえるでしょう。そして高性能の割には価格がリーズナブルというのも受け入れられた大きな要因だと考えられます。

ファーウェイやZTEの顧客開拓はラテンアメリカ諸国の大都市に留まらず、中堅都市はおろか、小規模な街にまで及んでおり、まさしく席巻する勢いを見せています。

もともと中国とラテンアメリカ諸国は貿易面での関係で強い結びつきがあります。それなりの経済関係はずっと続いてきていました。そこへファーウェイなど中国政府のお墨付き企業がチーム・チャイナを組み、猛烈な売り込み攻勢をかけたわけです。

これを受けてアメリカはこのところ以前にも増して、世界中の他国に対して、中国製テクノロジーの採用をすべきではないと強調するようになってきました。今年初めにラテンアメリカを歴訪したポンペオ国務長官は、「中国は比類なき規模でデータ収集と利用を進め、その情報を監視の支援、反体制派の抑圧に使っている。あなたたちは1989年6月に北京で発生した天安門事件を忘れたのか。中国の口車に乗ってはいけない」と警告を発したのですが、中国当局はこんな反論で応戦しました。

「アメリカは5G競争で優位に立つファーウェイやZTEなどの中国企業の成功に不安を抱いているだけだ。アメリカの懸念はあまりにも馬鹿げている」

ラテンアメリカ諸国の中国寄りの態度を懸念したアメリカ当局はラテンアメリカ諸国に対し、例によって「絶対にファーウェイの機器を導入するな。スパイウェアにより、あなたがたのプライバシーはすべて中国側に筒抜けになるぞ」と脅しをかけたといいます。

このファーウェイに対する批判にいまひとつ説得力がないのは、現実にこれまでアメリカはその〝証拠〟を何ひとつ提出していないからです。

おそらくアメリカはその証拠を握っていると私は思います。握っているけれど、それを出すことができないというジレンマに陥っているのでしょう。なぜなら、それによりアメリカのテクノロジーのレベルを曝け出すことになるからです。やはりそれは回避したいわけです。


ラテンアメリカ諸国の反応はアメリカの意に沿わないものでした。やはり、治安を改善したいという要求が強いからでした。実際、アメリカの警告に対しては、法を遵守する市民ならば、監視システムを恐れる必要はなく、監視システムは善良な市民を守るために機能しているとの反論が多かったのです。

あらためてラテンアメリカ諸国に対してアメリカ当局が「中国から何らかの機器の調達を決定すれば、アメリカとの関係に長く影響するだろう」と脅しても各国の態度は変わらなかったのです。

トランプ大統領からファーウェイ排除を求められたブラジルは、すでに5Gでファーウェイを排除しない決定を下しています。中国が主要貿易相手国となっているアルゼンチンは、アメリカの憂慮に対してノーコメントを通しています。

　エクアドルは、ファーウェイと中国電子進出口有限公司（ＣＥＩＥＣ）から４０００台のカメラを使った監視システムを導入、すでに稼働後8年が経とうとしています。ウルグアイは今年2月、中国からファーウェイ製の防犯カメラ２１００台を贈られ、４つの都市に設置しています。

スノーデン事件に始まった世界のアメリカ不信

　そもそもラテン諸国や欧州諸国がけっこう冷めた視線でアメリカを見ているのは、あのスノーデン事件に収斂（しゅうれん）されるわけです。あれはいかにもまずかった。

　アメリカ国家安全保障局（ＮＳＡ）および中央情報局（ＣＩＡ）の元局員だったスノーデンが、アメリカ当局が裏で何をしているか、そのすべてを暴露してしまった。各国首脳の個人情報に触手を伸ばし、ドイツのメルケル首相の携帯電話まで盗聴していたことまでバラされてしまったのですから。

　知ってのとおり、日本との戦争のとき、第二次世界大戦のときもそうでしたけれど、通信傍受はアメリカのお家芸でした。太平洋戦争の帰すうを決めたと言われているミッドウェー海戦においては、日本の通信は傍受され、作戦は丸裸にされており、この海戦で米国側に大惨敗したのです。以後、日本は敗戦への道にころげ落ちていきました。山本五十六海軍大将も同じく通信傍受によって米軍機P-38ライトニングに待ちぶせされ戦死したわけです。現実問題として通信がすべて相手方に筒抜けになっていればどうしようもないわけです。だからこそ余計にアメリカは中国に通信の覇権を取られるのが耐えられなかったので、必死にファーウェイを潰しにかかっているともいえるのです。

他国にしてみれば、スノーデンがバラしてしまったせいで、アメリカだって中国と同じように自分たちの機密を盗み出そうとしているではないかと白けてしまった。

ファーウェイはファーウェイで、あれだけアメリカが圧力をかけているにもかかわらず、発展を遂げています。だから、アメリカがいくらファーウェイの機器は使うなと脅迫まがいの要請を行っても、多くの国はまともに取り合おうとはしません。

これは韓国もフィリピンもサウジアラビアもイタリアも同じで、アメリカの同盟国が揃って言うことを聞かないわけです。

とりわけラテンアメリカ諸国にとっては、「中国並みの治安の実現」がこのうえなく魅力的だったのです。

南米みたいな犯罪がはびこっているところでは、治安が良くなることは心底から望んでいることで、本当にありがたいことなのです。各国のリーダー、州知事、市長、町長はみなそれを希求しているわけです。

だからチーム・チャイナはプレゼンテーションの際、われわれのテクノロジーが中国における犯罪率の低下にどれだけ貢献したかについて説明をするのです。

けれども、中国にはそんなプレゼンなどよりも、すでにとてつもない実績を持っています。

その実績とは、新疆(しんきょう)ウイグル自治区に「職業訓練センター」と称する巨大監視収容施設を持ち、100万人以上の反中のウイグル族やその他のムスリムたちを厳格に管理、機能させていることにほかなりません。これは驚くべきことで、ラテンアメリカ諸国のリーダーたちはそこに限りない魅力を感じているわけです。

その巨大監視収容施設の展開を支えているのが、中国の映像監視システムとスマートフォン監視テクノロジーなのです。

ラテンアメリカの政治リーダーたちが希求するもの

ラテンアメリカにおいて有能な政治リーダーであったなら、まず中国の監視カメラと監視システムを導入したいと願うのは当然でしょう。

日本や欧州のような成熟した民主主義国においては、プライバシーの侵害や通信傍受は基本的には認められません。けれども、発展途上で政情が不安定な国ではきれいごとを言っていてもはじまりません。

だから、いくらポンペオ国務長官に大所高所から「中国は比類なき規模でデータ収集と利用を進め、その情報を監視の支援、反体制派の抑圧に使っている」とか言われたって、まったく意に介しません。

まず政府は安定的に国家を成長発展させていかなければならない。それが国家としてのプライオリティであるがゆえに、現実的にこれだけの実績を上げている中国のやり方は途上国の政治リーダーたちに魅力的に映らないはずはありません。

だから、ラテンアメリカ諸国は積極的に次から次へと中国の監視カメラと監視システムを導入しているのです。結局、チーム・チャイナのセールストークのとおり、治安が改善すればなによりも国家が助かるのですから。

住民にしてみても、これまで犯罪が蔓延(はびこ)っていた社会にピリオドを打つことができて、めでたしめでたしとなるわけです。

いま中国側になびいているラテンアメリカ諸国の政治リーダーたちは国民にこう訴えていました。

「監視カメラが恐いと国民は怯(おび)えるけれど、法を守っていればカメラなど全然恐くない。あなたがきちんとまっとうな生活をしていればまったく問題はない。監視システムは善良な市民を守るものだ」

彼らの訴えは次第にその国の世論となって浸透していったのです。だからアメリカは、本当はファーウェイを潰したいのだけれども、現実にはこうした流れが次から次へと世界中に拡散してしまい、なかなかうまく事が運んでいきません。

こうしてラテンアメリカ諸国が続々と親中国派になっていくわけですが、このムーブメントの勢いをどうしてもアメリカは止めることができないでいるのです。

繰り返しになりますが、アメリカは、最初は「中国の通信機器を入れたら盗聴されるから、やめておけ」と警告します。まったく耳を貸さない相手に対し、アメリカは、今度は「われわれの要請を無視して中国の機器を導入するなら圧力をかけるので、覚悟をしておけ」と恫喝（どうかつ）の姿勢をとってくるのです。

恫喝のみでは相手はなかなか言うことを聞いてはくれません。

ですから、チーム・チャイナ、あるいはファーウェイ、ＺＴＥは相手のかゆいところに手が届くようで、なかなかうまくやっていると思います。

ラテンアメリカ諸国はみな中国並みの統治に憧れているのです。一刻も早くそうなりたいというニーズが沸騰しているわけです。

ファーウェイのスマホをはじめとする機器は価格が安いうえに性能も申し分ありません。さらにファーウェイの５Ｇの基地局を構成する機器は超軽量化に成功したため、基地局の設置が格段にスピーディとなっています。加えて、非常にリーズナブルな予算で、有利な条件と優れた監視テクノロジーを提供しています。結果、著しい治安の改善をもたらしています。しかもチーム・チャイナは必要な資金の融資までしてくれる。

これはかなり説得力がある事実です。実はアメリカはこれに伍する手駒を持っていないのですよ。だから、ラテンアメリカ諸国に対してもろくなセールス活動もできない。ファーウェイを排除するのであれば、代わりにNECやノキア、あるいはエリクソンを使ってくれと胸を張ってセールスできればいいのですが、そうはいきません。それらは性能がイマイチ、そのうえ価格はファーウェイ製品よりも3割～5割も高いのですから、お話にならない。

要はそれだけファーウェイの技術が優れているわけです。これがアメリカに立ちはだかる大問題で、ファーウェイ排除が進まない要因にもなっているのです。

世界最大の政治リスク専門コンサルティング会社として知られているユーラシア・グループが以下のような辛辣（しんらつ）なコメントを発しています。

「チーム・チャイナは非常にリーズナブルな価格と有利な条件で、優れたテクノロジーを提供している。これはかなり説得力のあるパッケージで、実はアメリカにはこれに対抗する選択肢がない」

ズバリ喝破（かっぱ）されています。いずれにしても、アメリカがラテンアメリカという天然資源に恵まれた地域からちょっと目を離していた隙間（すきま）を突いて、中国のテクノロジーがラテンアメリカ諸国を席巻したのです。

ファーウェイ採用を決めたフィリピンの事情

ここまでラテンアメリカでファーウェイはじめ中国勢のハイテク企業が高評価を受けていて、アメリカがとても太刀打ちできない状況であることを紹介してきたのですが、ラテンアメリカに限らず、どの新興国でも中国のハイテク技術を欲しがっています。

私の知るかぎり、その筆頭はフィリピンです。

フィリピンのドゥテルテ大統領は麻薬撲滅を掲げて、2016年6月に大統領に就任しています。「この国には麻薬中毒者が300万人以上いる。麻薬犯罪者は殺せ！」と強権発動し、これまで警察の麻薬犯罪捜査による死者は5000人超、実際には2万人以上が殺された模様です。

しかしながら、いまもドゥテルテ大統領の支持率は75％と高水準を保っています。これはいかにフィリピン国民が麻薬問題に悩まされ続けてきたかを物語っています。

そんなフィリピンで6月下旬、初めての5G通信サービスがスタートしました。機器や基地はファーウェイが担当。それを受けて、中国の国有企業・中国電信と民間企業の合弁で立ち上げた電気通信会社、ディト・テレコミュニティーが通信ネットワークサービス事業をスタートしました。

これまでPLDTとアヤラ財閥系グローブテレコムの2社による寡占が続いてきたフィリピンの通信市場で、ディトが第3の通信事業者として登場することで競争が起こり、通信費用や通信環境が改善するのを期待して、ドゥテルテ大統領が後押ししたのです。

ただ、現行の法律では中国電信はディトの株式を法律上限の40%までしか保有できないけれど、中国電信側はずうずうしいことに過半数株の取得を切望しています。

ここで一波乱がありました。フィリピンの人権活動家が、中国電信側に株の過半数を与えてしまうと、ディトのネットワークの全面開通後、中国政府がドゥテルテ政権に対して中国が行っているオンラインアクセスの制限や市民監視などさまざまな方法を教える恐れがあると猛反対したのです。

ドゥテルテ大統領の目的の一つは、中国側の支援を得て麻薬撲滅のための監視システム構築にあるのですから、このような批判を受け入れるはずがありません。

フィリピン議会は人権活動家の意見に賛意を示し、中国側の過半数株取得に「ノー」を突き付けたのですが、ドゥテルテ大統領が強権でひっくり返し、現在、その実現に向けてつくられた修正案はフィリピン議会の承認待ちとなっています。

その一方でドゥテルテ大統領の肝入りで進められているのが、顔認識技術で警察の犯罪捜査を支援するプロジェクトです。これには約1万台の高解像度カメラを含むファーウェイ製の監視システムが導入されています。

議会はプライバシーやセキュリティー面の懸念を理由に阻止に動きましたが、ドゥテルテ大統領はここでも拒否権を発動したのです。

フィリピンにおいても、権力側は中国のハイテク技術に対する凄まじい欲求を抱いていることから、今後もこの流れは止まりそうもありません。アメリカ側には代替策がない。ここでもアメリカが中国と違うものが提示できないという弱点が浮き彫りとなっていることがわかります。

それでも対韓制裁は止まらない

「事態をこれ以上悪化させずに、外交協議を通じて解決策を見つけるべきだ。日本がもし状況を更に悪化させれば、予期せぬ事態へとつながる懸念がある」

韓国の李洛淵（イナギョン）首相はこう語りました。これは一面警告かもしれませんが本音でもあるでしょう。日韓関係は大方の想定を超えて悪化していく可能性があると思います。日本政府は輸出手続きの簡略化の優遇を受けられる〈ホワイト国〉から韓国を除外しました。これに対する日本国内での意見公募では約9割が日本政府の方針に賛成しているということで日本でも反韓感情が高まっています。一方、このような過剰な対立を回避させようと米国による日韓への仲介の動きも伝えられています。

国民性や気質もありますが、韓国の人々は異様に感情を高ぶらせ、怒りや興奮を抑えられなくなるようです。これを文在寅政権が制止するどころか上から煽（あお）るような行動を取っていますので、余計に韓国内の反日感情が盛り上がります。もともと日韓戦などスポーツの大会でも日本と韓国の争いとなると異様な興奮を見せる韓国の人々の姿はよく知られているところです。

かように日韓はその歴史的な経緯から対立しやすい素地があるので、これを互いの政府が煽るようなこととなるとお互いを非難する様相が止まらなくなるわけです。

特に韓国ではその傾向が顕著です。そして文在寅政権はこの韓国人の日本に対しての潜在的な非難意識を全面に押し出す世論を形成して自らの政権への支持を引き上げようとしています。きわめて危険なやり方ですが、韓国の歴代の政権はかような反日による政権浮揚の手法が身についてしまっているようです。

文在寅政権の与党〈共に民主党〉は今回の日本の制裁措置に対して〈日本の経済報復対策特別委員会〉を作って対策を協議していましたが、この委員会の名称を〈日本の経済侵略対策特別委員会〉と変えたのです。日本が〈経済報復〉どころか〈経済侵略〉するというのです。

この委員会の崔宰誠（チェジェソン）委員長は「日本発の経済大戦が現実のものとなるなら、日本は再び国際貿易秩序を崩壊させた『経済戦犯国』として記憶されるだろう」と警告、今回の日本の対韓規制は「グローバル経済秩序に対する明らかな宣戦布告」だとして「安倍政権の経済侵略は経済を媒介として韓国にコントロール可能な親日政権を樹立しようとするものだ」ということで、安倍政権が韓国を意のままにしたく、日本の傀儡（かいらい）政権を作ろうとしているというのです。

そして〈かような企みには決して屈服しない〉ということです。こうなってくると日本人からみると、異様な被害妄想に思え、自ら招いた種を日本のせいにしているとあきれ返るかもしれません。しかし韓国政府が今回の日本の措置に相当の危機感を持って慌てふためいているのがわかります。

今回の措置は背景に米中の激しい争いがあるのは必至でしょう。中国に経済的に依存して、米国の意をくみ取れない韓国にハイテクの雌雄を決める半導体製造の要を握られるわけにはいかないわけです。半導体産業は韓国の生命線でもあるわけですが、米国としては中国に対して毅然とした態度を取れない韓国に半導体シェアの過半を取られ続けているわけにはいかないのです。

〈韓国の半導体産業を潰して中国への供給を断つ！〉という大命題が背後に潜んでいると感じます。ですから今回の韓国潰しの方針は日米が一体となった大方針で、今後変化するとは思えません。韓国も国の帰趨をきめる半導体産業はいかにしても守るしかなく、ですから必死なのです。

このあたりの温度差が日韓の間で相当あるように思います。日本側の一般的な見方として韓国はあまりに身勝手で言いたい放題ですから、この辺で、〈日本側も毅然とした態度を取って韓国にきついお灸を据えたほうがいい〉程度の見方が多いと思います。ところが韓国側は自国が潰されかけてきていることを感じています。そして韓国の恐れているとおり、日米政府は韓国の半導体産業を潰しにかかっていると思います。

韓国経由で中国を抑えたい米国

韓国の半導体産業はあまりに中国へ依存しすぎていて、この中国と韓国との相互依存関係を切り離すのが難しいからです。日米は韓国を切ることを決断したと思われます。

前述のとおり、韓国は高性能の半導体製造のため日本から高純度のフッ化水素を輸入しています。半導体大手のサムスンとＳＫハイニックスです。この日本から輸出されたフッ化水素は戦略物資ですから使用法が厳しく制限され、最終ユーザーが明記されてそれを厳守するよう誓約書を取っています。

いわばフッ化水素の輸出には厳正な管理体制が敷かれているわけです。韓国は輸入されたフッ化水素を国内で加工、その一部を中国に輸出しています。なぜかというと中国のサムスンとＳＫハイニックスの工場でそのフッ化水素を使って高性能の半導体を作るためです。この作られた高性能の半導体がファーウェイに供給されるわけです。こうしてファーウェイはその半導体を基に高技術の製品を作るわけです。

言い換えれば韓国からのフッ化水素の輸入がないと、中国のサムスンやＳＫハイニックスの工場が動かなくなってしまうわけです。米国側の狙いはここだと思われます。米国は何としても５Ｇの覇権争いで中国に負けるわけにはいかないのです。いまのところ分が悪いのですが、そもそもハイテク産業の中枢の技術は依然米国が抑えている部分が大きいわけです。中国の泣き所は半導体ですから、この供給を絞ればファーウェイの生産を止めることができるわけです。その半導体の世界シェアの７割までも韓国企業が抑えていて、中国に工場を持ち十二分に供給しているわけです。これを強引に止めようとしているのが今回の日米による韓国への強力な制裁の発動でしょう。

こう考えると日米の韓国潰しの目標はまだ始まったばかりでこれが緩むことはないと思われます。日本政府は米国政府から裏で意を受けて、韓国半導体産業を徹底的に壊滅に追い込んでいくでしょう。

安倍政権とトランプ政権は一体です。韓国は薄々そのような流れを感じているので必死になって国際世論まであてにしてもがいています。ところが日本では一般的にそのような危機感はまったくないので世論は比較的平穏なわけです。

米マイクロンが目指すもの

では今後の世界の半導体産業はどうなっていくのでしょうか？

韓国のサムスンとＳＫハイニックスが生産停止となれば世界の半導体産業は供給不足からパニックに陥る可能性があります。そのようになれば、今度は輸出規制を行った日本へ国際的な非難が殺到することでしょう。韓国メーカーに代わる代替先があるのか、ということが大問題です。

ここで浮かび上がるのが米国の半導体メーカー、マイクロンテクノロジーです。マイクロンはここにきて急成長、今回の対韓制裁発表時点から株価が大きく上昇しています。

マイクロンはいまや3兆円企業となり、半導体のシェアではサムスン、インテル、ＳＫハイニックス、に次いで世界第4位に躍り出てきたのです。これを引っ張っているのが、マイクロンメモリジャパンです。安倍首相のお膝元に近い広島県の東広島市に工場を持っています。

このマイクロンメモリジャパンの前身はエルピーダメモリです。エルピーダメモリは日の丸唯一の半導体メーカーでしたが、2012年に倒産しました。その後、米国のマイクロンテクノロジーに買われマイクロンメモリジャパンとして再出発したわけです。ここがいまや絶好調、拡張に次ぐ拡張で今年6月に広島に新工場が完成しました。マイクロンメモリジャパンはDRAMでは国内最大の生産能力を持っています。

東広島市八本松町吉川の吉川工業団地内にあるマイクロンメモリジャパン合同会社の広島工場

さらに現在、広島工場内で別の新製造棟の建設も進んでいるのです。親会社に当たるマイクロンテクノロジーはマイクロンメモリジャパンの広島工場をDRAM開発の世界戦略における中心基地と位置づけています。これまで2000億円を超える投資を行ってきました、そしてここにもっとも優れた人材を集め、技術、製品、運営、管理を含めたマイクロンの先端技術DRAMの開発拠点としています。

日本には自動車産業やエレクトロニクス産業、半導体装置メーカーや材料メーカーも豊富です。半導体の最先端の開発拠点として日本はもっとも適しているというわけです。これらの情報が大きく報道されないのはマイクロンメモリジャパンが非上場会社だからです。非上場会社は情報公開の義務がありません。

フッ化水素やその他、今回の対韓制裁で韓国のサムスンやSKハイニックスといった大手企業との取引を失う日本企業も多いのではないか、と懸念されています。しかし実は日本はしっかり自前の受け皿を用意しているわけです、こうして急ピッチで生産体制を整えつつあるわけです。マイクロンメモリジャパンの広島工場が完成したのは、この6月です。その後1カ月もしないうちに対韓制裁が発動されたわけです。こうみていくと実は、安倍、トランプラインで日米主導で半導体生産のシェアを独占していくという秘密の計画がかねてから周到に準備されていたのかもしれません。早くから韓国の文在寅政権は信用できないことを見越していたのでしょう。

今後ますます厳しくなる日韓関係

韓国は大きな転換点を迎えたようです。韓国はハイテク企業で世界に冠たる半導体産業を作りあげてきましたが、それは自由陣営の中にあって米国側の見えざる庇護を受けていたからとも言えるかもしれません。韓国企業の株式の50％まで外国資本に握られています。

米国と中国との貿易戦争は始まったばかりで今後ハイテク製品のサプライチェーンは大きく変わっていくはずです。覇権争いの帰趨を決めるハイテク製品は米国陣営と中国陣営とサプライチェーンは分断されていくでしょう。米国と中国、両方にいい顔をしようとして信頼を失った韓国は米国によって見捨てられました。

今回の日本の対韓制裁は韓国凋落の始まりにしかすぎないでしょう。韓国経済は今後数年で急速に悪化、韓国の前途は想像以上に厳しいものとなるでしょう。日本は今後、韓国のホワイト国の指定を解除して、韓国に対して厳しい輸出制限措置を連発するようになると思います。それは米国の意に沿った韓国潰しの一環で、今後長く続く道です。韓国はさらに日本に対して反発を強めるでしょう。仮に韓国が翻意して日本にすり寄ろうと、徴用工問題で妥協したとしても米国の意を受けた日本の方針は変わらないと思います。こうして日韓の関係は想像以上に悪化していくと思われます。

韓国は国の根本的な方針を間違えてしまったようです。国もいったん下り坂になると止まらなくなるようです。米中の争いは激烈で日韓ともに歴史の渦に巻き込まれているように感じます。下り坂になると今度は誰も助け舟を出してくれません。次に日本が用意している切り札は韓国に対しての金融制裁かもしれません。

１９９７年、タイから始まった金融危機はまたたく間にアジア全域に波及、ロシアが破綻して大混乱状態になりました。日本でも当時、山一証券、三洋証券、日本長期信用銀行、日本債券信用銀行が相次いで倒産、日本中がパニックに陥ったのです。このとき、韓国は金融危機で国家破綻、ＩＭＦに金融支援を求めるにいたったのです。

しかし、この韓国の国家破綻の引き金を引いたのは実は日本と言われているのです。このときは日本も金融危機でしたから、日本の銀行は貸し出しの余裕などなくあらゆるところから資金回収に奔走していたのです。

当然、韓国に貸し付けていた大量の資金も回収の対象でした。日本の銀行は当時韓国に膨大な貸し付けを行っていたのです、通常であれば貸した資金を返すと同時に再び貸すというわゆるロールオーバーを行うものです。ところが当時の日本の銀行は韓国に対してロールオーバーを行う余裕がありませんでした。結果、資金に窮した韓国は国家破綻に追い込まれてしまったのです。

実は現在でも日本の銀行は韓国に大きく貸し付けています。三菱UFJ、みずほ、三井住友のメガバンクは韓国の外国系銀行の総与信額の3割弱を占めているのです。韓国における邦銀の存在はきわめて大きいのです。

これが韓国の経済悪化や日本政府の方針転換でロールオーバーできないというふうになればどうなるか。経済が弱った韓国に大量の資金を貸し付けるところが現れるとも思えません。

中国の銀行も韓国に貸し付けていますが、中国は国内企業のドル資金手当に苦慮しています。韓国に日本の穴を埋めて貸す余裕があるとは思えません。以前、日韓で関係が良かったときはスワップ協定といって日本が韓国に緊急時にドルを融通する協定があったのですが、昨今の関係悪化でスワップ協定は延長されていません。

仮に韓国の本格的な経済悪化が起きて、なおかつ日本との関係が最悪では邦銀がロールオーバーに応じるとは思えません。

これは今回の対韓制裁以上に韓国にとっての致命傷となり得ます。日本との関係悪化のツケは韓国にとって想像以上に厳しいものとなりそうです。韓国が窮地に陥ったときの反日感情はどのように爆発するかわからず、日本側も覚悟と備えが必要でしょう。日韓の外相会談はここにきて何度か行なわれていますが、まったく関係改善に役に立っていません。韓国側のかたくなな姿勢が報道されますが、実は日本側も、そして米国側も韓国との関係を改善したくないのです。日米による韓国潰しの根本的な流れは変わりようもありません。

第3章

敵を欲するアメリカ

敵の存在の必要性

「中国はアメリカの知的財産の盗用をし続け、軍事的野心を磨いてきた真の敵国である」

この言葉はトランプ大統領のものでなく、アメリカ議会の総意にほかなりません。その点では共和党も民主党も一心同体なのです。

それを考えると、昨年7月から日を追うごとに激しさを増してきた米中貿易戦争は通商分野に限られた攻防ではなく、安全保障を含めた世界の覇権を決める、妥協のない衝突と受けとめるべきだと思います。

米中貿易戦争を始めるまでの流れを考えるにつけ、結局、アメリカという国家は「敵」が存在することで著しく団結することができるわけです。常に敵が必要なのです。

かつて冷戦の時代にはずっとソ連という強大な敵がいて長い戦いを続けたのですが、1989年11月9日にベルリンの壁が崩壊して、冷戦はアメリカの勝利に終わりました。

その後、アメリカがひとり勝ちになったところから2001年9月11日にニューヨークで同時多発テロが起きて、その後のアメリカはテロに照準を合わせて戦いをしてきました。

それもいまから8年ほど前にビン・ラディンをほうむり、ＩＳが壊滅したことで、テロとの戦いにもほぼケリがついたわけです。

そこでアメリカの次なる敵として現れたのが中国でした。アメリカはニクソン時代からオバマ時代まで、中国は豊かにさえなればいずれ民主化するだろうとの楽観主義の下、中国を甘やかし続けてきました。

中国は中国で「韜光養晦」（能ある鷹は爪を隠す）作戦で、鄧小平時代から胡錦濤時代まではずっと爪を隠して、アメリカを騙し続けてきました。しかし、ついにいまの習近平が政権をとると覇権主義を唱え始め、経済も軍事もアメリカの脅威として立ちはだかる存在にまでなってきたのです。

中国にさんざん裏切られたアメリカは、トランプ政権になるとようやく国家の方針として中国と徹底的に敵対することを決めました。国策として中国を敵国とするという方針転換を行ったのです。

だからわれわれは、いまのアメリカの経済政策・外交政策も含めて、その中心に流れるテーマは常に「中国敵視政策」にあると見るべきだと思います。

異なる文明、異なるイデオロギーとの戦い

そのことをはっきりと世界に向けて宣言したのが昨年10月にワシントンで行われたペンス副大統領の演説でした。これは実質的な〝宣戦布告〟のようなもので、世界中が驚きを禁じ得ませんでした。

内容をいくつか見てみましょう。

「中国は政治、経済、軍事的手段、プロパガンダを通じて、アメリカに影響力を行使している」

「中国政府はあらゆる手段を使ってアメリカの知的財産を手に入れるよう指示している。安全保障に関わる機関が窃盗の黒幕だ」

「習近平国家主席はホワイトハウスで『南シナ海を軍事化する意図はない』と言った。だが、実際には人工島に対艦、対空ミサイルなどを配備している」

どれもが具体的で敵意に満ちた文言です。

そしていま、アメリカ国務省前政策企画局長のキロン・スキナーは、米中戦争を「異な

る文明、異なるイデオロギーとの戦いであり、これはアメリカがかつて経験したことのない戦いである」と指摘しています。そしてこう続けました。

「中国の体制は西洋の歴史や哲学から生まれたものではない。ゆえに中国はアメリカにとり特異な挑戦者となっている。中国との戦いは西洋の家族のなかにおける戦いであった冷戦とは異なる。アメリカは、白人ではない強力な競争相手に初めて直面しているのだ」

確かにそうです。冷戦後の紛争の根本的原因は文明であり文化でした。国際紛争は、異なる文明を持つ国家や集団の間で起きました。そして、イスラム文明と中華文明が、西欧文明と衝突する危険性を大きくはらんでいると、世界の識者たちから指摘されてきました。

実際、中国は国家資本主義なるものを、国を挙げて推進していくと宣言しています。しかも民主主義というフレームには入らない一党独裁主義を国是としています。これはキロン・スキナーの示す「異なる文明、異なるイデオロギー」そのものということになります。

7月上旬、ペンス副大統領が再び重要な演説を行いました。ここで一番に取り上げたのは信教の自由でした。

「新疆(しんきょう)ウイグル自治区において、共産党は100万人以上のウイグル族を含むイスラム教徒を強制収容施設に投獄している。そこに囚われた彼らは24時間体制での洗脳に耐えている。収容所の生存者によると、北京は意図的にウイグル文化を抹殺し、イスラムの信仰を根絶しようとしている」

ウイグルで宗教を徹底的に弾圧し思想改造を行っていると、ペンス副大統領は中国にとって一番痛いところを前面に出したのです。

重要なのはトランプではなくペンス副大統領の発言

かねがね私は思うのですが、アメリカという国家の方向性を知る上で、われわれが注目すべきはトランプ大統領の発言ではないということです。トランプ大統領はああいう性格ですから、さまざまな件についてフライング的に喋（しゃべ）っているだけなのです。

アメリカの政策の推移を見ていると、必ずしもトランプ大統領の発言とパラレルに動いていないことに気づかされます。そこで注目すべきは、やはりペンス副大統領の発言です。彼の発言はそのままアメリカのエスタブリッシュメント、つまり支配階級の方針であると思ったほうがいい。彼の発言こそがアメリカの方針なのです。

つまり、トランプ大統領がたとえ大統領を辞めても、アメリカの基本的な方針は変わらないということです。アメリカは完全に中国敵視政策にシフトし、その一環として信仰の自由と自由民主主義を打ち出してきました、トランプ大統領よりもペンス副大統領の発言を注視していると、それがよくわかるのです。

いま私が危惧しているのは、アメリカが台湾への関与を強めようとしていることです。

米台接近、中国は猛反発

武器売却承認「撤回を」

【台北＝伊原健作、北京＝高橋哲史】トランプ米政権が台湾への総額22億㌦（約2400億円）相当の武器売却を承認し、米台の接近が一段と鮮明になっている。中国は「ただちに撤回を求める」と猛反発しており、台湾問題は貿易戦争の「一時休戦」で合意した米中が再び対立を深めるきっかけになりかねない。

トランプ政権が8日に台湾への売却を承認したのはM1A2エイブラムス戦車108両や、携行可能な地対空ミサイルの「スティンガー」など。総額は2011年にオバマ前政権が主力戦闘機の更新などで58億㌦の武器売却を認めて以降、最大規模となる。米国防総省は「台湾の軍事力の近代化や米国との相互運用性の一段の向上につながる」と説明している。

台湾側は中国の上陸作戦に対抗する主力戦車を熱望していた。蔡英文総統は9日「米国政府は具体的な行動で（台湾の防衛力を高める）約束を履行した」と歓迎した。

中国は激しく反発している。外務省の耿爽副報道局長は9日の記者会見で「中国の内政に乱暴に干渉し、中国の主権と安全に損害を与える行為であり、強烈な不満を表明して断固反対する」と米国を批判した。そのうえで「ただちに台湾への武器売却計画を撤回し、米台の軍事的な関係を停止」するよう求めた。

蔡氏は米国への接近を通じ、台湾への圧力を強める中国に対抗しようとしている。11～22日にカリブ海の島国4カ国を歴訪する際は、往路と復路でそれぞれ米国に立ち寄る。台湾メディアはニューヨークで米政府関係者らと交流するかが注目されると報じた。中国が反発を強めるのは必至だ。

中国の習近平（シー・ジンピン）国家主席とトランプ氏は6月29日の首脳会談で貿易戦争の「一時休戦」で合意した。習氏は貿易問題でトランプ氏にある程度の譲歩ができても、台湾や南シナ海など「核心的な利益」にかかわる問題では一歩も引けない。台湾問題は今後の米中貿易協議に影響する可能性もある。

米政府が台湾への売却を承認したM1A2エイブラムス戦車（2016年5月、米ジョージア州）＝ロイター

出所：日経新聞（2019年7月10日）

政府高官の交流、実質的な大使館であるアメリカ在台協会台湾事務所の開設、武器売却などにアメリカは積極的です。来年1月には台湾総統選を控えており、いまはきわめて微妙な時間帯です。

中国の王毅外相が「アメリカは火遊びをするべきではない」と言っていたけれど、この問題を突かれると中国もタダではいられないので、アメリカがこれ以上踏み込んだ行動に出た場合、何が起きるかわかりません。

トランプ政権は台湾にF16戦闘機を売却する方針を固めました。戦闘機の売却は1992年以来、何

と27年ぶりのことです。中国側の激しい反発は必至です。売却するのは新型の「F16V」66機で売却総額約８５００億円。台湾への武器売却としては過去最大の規模となります。貿易問題でラチがあかないトランプ政権は中国との対立を意識的にエスカレートさせています。面子を重んじる中国がだまっているハズがありません。

建前と本音を巧みに使い分ける中国のえげつなさ

これまでアメリカと中国はｗｉｎ－ｗｉｎということで、お互いが良くなるようにという形で付き合ってきたのですが、昨年からは完全に変わってしまいました。中国との戦いに勝つか負けるか、どちらが勝つかという相克の形になってきて、その最前線がファーウェイをめぐる覇権争いなのです。

こうした流れに沿って日本はアメリカ側についているわけです。この歴史観をわれわれははっきりと意識する必要があると思います。

先刻述べたとおり、今回の米中覇権争いをアメリカ側は「異なる文明、異なるイデオロギーとの戦いである」と正式に表明しています。

これに対して中国の習近平国家主席は何と言ったでしょうか。

「文明は本来衝突しない」「文明に優劣はない」「自らの人種や文明が優れていると考え、他の文明を改造し、果ては取って代わろうとするやり方は愚かで破滅を招く」とアメリカを一蹴（いっしゅう）したのです。

面白いです。さらに習近平主席は「一帯一路は文明の道だ」とも言及しています。アメリカや日本の非難を浴びながらも、一帯一路でアジア、中東、西欧、アフリカへと中国がどんどん進出しているのは文明の道だと反論しているのです。「一帯一路は文明の交流によって文明間の壁を乗り越え、文明の共存によって文明の優劣を乗り越えることができるのだ」と。

これはアメリカが示した「文明の衝突」に対比させて「文明の対話」を大々的に押し出しているわけです。

これらはおそらく習近平主席自身が考えたのではなくて、中国共産党宣伝部が編み出したものだとみていいでしょう。

習近平主席は、「自らの人種や文明が優れていると考え、他の文明を改造し、果ては取って代わろうとするやり方は愚かで破滅を招く」とアメリカの手前味噌の主張を批判しているのですが、これこそ「厚顔無恥」というしかありません。他の文明や宗教を否定して、基本的な人権を平気で踏みにじっているのは中国共産党そのものです。新疆ウイグル自治区でイスラム教徒を100万人以上収容所に入れて、洗脳しているのですから。まさに中華文明でウイグル文明をぶっ潰している最中で、詭弁もいいところです。

自分のやっていることを100%棚上げして、一帯一路を強引に推進している。対外的には正義を通しているかのごとくふるまい、現実にはまったく正反対のことをやっているのが中国のやり方です。

宣伝は宣伝で、政策は政策で、建前と本音を使い分けるためのいわゆる役割分担ができている巧みさが、中国のきわめてえげつないところだと思います。

ただ、このハレンチなやり方が通用するところにラテンアメリカ諸国の政治リーダーやフィリピンのドゥテルテあたりは憧れているのでしょう。

中国でのテレビ放送は、中国に都合の悪いニュースが出てくると突然プチンと切れてしまいます。たとえば香港のテレビでも、テレビ画面がポンと真っ暗になってしまうわけだけれど、彼らはああいう技術を欲しがっているのです。都合の悪いところになったらプチンと放送回線が切れるシステム。彼らにはこれが非常に魅力あるものに見えているのです。

中国は自分より強いところ、アメリカに対しては抑制的に対応しますが、自分より弱いところは徹底的にいじめ抜きます。中国の韓国に対するやり方は陰湿このうえなく、日本に対してもそうです。圧力のかけ方が半端ではありません。

アメリカのほうがまだスッキリしています。ボンと殴り掛かってくるけれども、喧嘩(けんか)をして仲直りをしたら、あまり後はひかない。

中国はそうはいきません。いったん喧嘩をしたら、陰湿でしつこく続けて、徹底的に自己利益を追求するところがあります。

その点、北朝鮮は口先ではアメリカが恐いと言うものの、中国の恐さの本質を十分認識しています。中国の恐さは身に沁みてわかっています。

昨年7月に始まった米中のビンタの応酬

ここでは今回の米中貿易戦争の推移をトレースしてみましょう。

いきなりトランプ大統領が「中国はけしからん」と関税の問題を突き付けてきたのが昨

年4月のことでした。米通商代表部（ＵＳＴＲ）が中国からの輸入品５００億ドル相当への25％の追加関税リストを発表したのが発端となりました。

それに対抗して中国は、同じくアメリカからの輸入品５００億ドル相当への25％の追加関税リストを発表します。

するとすぐにトランプ大統領がさらに中国からの輸入品１０００億ドル相当への追加関税を表明。即中国もまったく同じ形、アメリカからの輸入品１０００億ドル相当への追加関税で報復を示します。このようなビンタの応酬が始まったのです。

そんななか米商務省が中国の大手通信機器メーカー、ＺＴＥ（中興通訊）に対するアメリカ製品の禁輸措置に踏み切りました。理由はＺＴＥが、アメリカが定めていたイラン、北朝鮮に対する禁輸措置違反を犯したというものでした。アメリカ企業からの半導体の供給が途絶えたＺＴＥはあっという間に生産停止に陥り、その後、膨大なペナルティの支払い、株価下落などで塗炭の苦しみを味わうことになったのです。

余談ですが、１年前にアメリカの制裁に全面降伏したＺＴＥは中国発の５Ｇスマホを発売、さらに５Ｇネットワーク構築で復活を果たしています。

昨年6月、米中首脳会談が物別れに終わると、翌7月にアメリカは中国に対して正式に貿易戦争に突入すると宣言し、340億ドル分の中国からの輸入製品に対して25％の制裁関税を課しました。8月には第2弾を発動、さらに160億ドル分の中国製品に25％の制裁関税を課すことに。

中国も同じ金額、同率の制裁関税で応戦し、対立局面は一気にエスカレートしていきました。

このように昨年7月を皮切りに制裁合戦が始まって第3弾の発表まで進んだところで、12月のG20を迎えました。開催地はアルゼンチンのブエノスアイレス。ここで米中首脳会談が行われ、アメリカは中国に対米貿易黒字を減らすよう強く要求、中国側からアメリカ産の農産品、工業製品などを大量購入するとの回答を引き出します。

これに対してアメリカは2019年1月1日に開始予定していた制裁関税第3弾、2000億ドル分の中国製品に対する制裁関税の10％から25％への引き上げを凍結しました。ところが、それに次の条件を加えたのです。

「アメリカ企業への技術移転の強要を止める」「知的財産権の保護を徹底」「非関税障壁の撤廃」「サイバー攻撃の撤廃」「サービスと農業の市場開放の進捗」

以上の5項目で合意が達成できないなら、制裁関税の10％から25％への引き上げ凍結を解除する。ただし猶予期間は90日、２０１９年２月末までとされました。

２０１９年２月末、トランプ大統領は猶予期間の延長を表明、これで米中貿易戦争はいったん休戦気味になるかと思われました。

ついに制裁関税第４弾の発動へと動いたトランプ政権

ところが、12月のＧ20以降続けられてきた閣僚級米中通商協議はいったんまとまりかけたのですが、結局、不首尾に終わったのでした。原因は、９割方出来上がっていた合意案を、突如として中国側が大幅修正するよう求めてきたことです。

ただちにアメリカは制裁関税第３弾、２０００億ドル分の中国製品に対する関税の25％への引き上げを発表しました。米中貿易協議は凍結となります。

さらにトランプ大統領は制裁関税「第４弾」をちらつかせたのです。これは中国からのほぼすべての輸入品に制裁関税の対象を広げるもので、これまで対象外だったスマートフォン、ノートパソコン、玩具、ゲーム機、モニター、台所用品などが含まれます。これらの品目の対中依存度は5～9割にも達することから、産業界からは「代替調達が困難」と悲鳴があがったといいます。

こうして推移をたどってみると、両国の制裁関税はどんどん強まっていき、いったん昨年12月から今年5月までなんとなくヨリが戻るのかなという雰囲気をかもし出していたのですが、結局、元に戻ったというより、さらに厳しくなっているのです。

そして今年6月29日、大阪で開かれたG20サミットを利用して米中首脳会談が行われ、米中貿易協議の再開が決定しました。

トランプ大統領は会談後、制裁関税第4弾の発動の見送りを発表するとともに、問題のファーウェイにアメリカ企業が限定付きで部品を売ることも認めたのでした。トランプ大統領の予想に反する譲歩と引き換えに、習近平主席は大豆をはじめとするアメリカ産農産品をただちに大量購入することなどを約束しました。

しかしながら、中国側はいっこうに動かなかったのです。米中貿易協議の再開にしても、農産物の大量購入にしても、のらりくらりと時間稼ぎの構えを崩そうとしなかったのです。

8月1日、しびれを切らしたトランプ大統領は、先に示した対中制裁関税「第4弾」を9月1日に発動すると発表しました。これでレアアースなどを除き、アメリカが輸入するほぼすべての中国製品に追加関税がかけられることになったわけです。

8月13日、米通商代表部（USTR）は対中制裁関税「第4弾」について、スマートフォン、ノートパソコン、玩具など特定品目の発動を12月15日に先送りするとの発表がありました。おそらくトランプ大統領がクリスマス商戦を考慮、アメリカの消費者への影響を抑える判断を下したと思われます。

ところが8月23日、中国側は米国製品に追加関税をかけると発表。これに激怒したトランプ大統領は「我々に中国は必要ない」として、即日、関税のさらなる引き上げを発表したのです。まさに米中の争いはどろ沼化しています。その後、中国側の呼びかけによって米中の交渉は再開ということですが、お寒いかぎりです。

アメリカはファーウェイの5Gテクノロジーに追いつけるのか？

先にも申し上げましたが、アメリカの根本的な政策が変化したことから、米中の関係が改善することはないと思ったほうがいいでしょう。というか、あり得ないと思います。時折ある程度の改善はあるとは思います。けれども、その改善はその後の対立を深めるための材料でしかなくて、米中の対立が深まっていくという流れしかないわけです。

したがって、まさに今後は中国を中心としたエリアと、アメリカを中心としたエリアの経済圏が形成されていくというトレンドが加速度的に強まっていくのでしょう。

そうした流れのなかでファーウェイの動きを見ていると、先にもふれたようにアメリカのほうが後手後手に回る、対応が遅れて不利な立場に追いやられる可能性がいま、世界中から指摘されているのです。

なぜでしょうか。ファーウェイの技術が優れているからにほかなりません。だから、ファーウェイが5Gで、4Gとは段違いの速度でさまざまなことがやれるようになったときにアメリカ側の技術が追いつかない可能性がある。そこを世界のエンジニアたちから指摘されているのです。気が付いたら、日本を含めてアメリカ側についたところは時代遅れになっていたと、そういうふうになるよと警告が出されているのが実状なのです。

ファーウェイのセールス上手

それに加えて中国のハイテク企業、とりわけファーウェイはセールスが抜群に上手いのです。ファーウェイの創業者であり、現ＣＥＯの任正非氏はアメリカの今回の措置に対して「われわれを宣伝してくれてありがとう」と米国の措置を逆手に取って自らの余裕を世界に見せつけています。

かつて任正非氏は親しかった江沢民元国家主席に対し「国内に電話交換機産業のない国は軍隊のない国に等しい」と言って国家として通信機産業を育てることがいかに重要か、国家主席に進言したということです。これに対して江沢民主席は「よく言ってくれた」と答えたというのです。国内に通信機会社がなければ他国の通信機会社によって、国内の重要な情報がすべて盗聴されてしまいます。そんな国は滅びるに決まっています。まさに自前で通信会社を作り育てなければ、どんな軍隊を持っても〈張り子の虎〉ということでしょう。人民解放軍出身の任正非は中国が将来、世界に覇を唱えるためには、軍隊を整備するのと同様に自前の強力な通信会社を構築する必要性を説いたわけです。そして中国はこの方針に従って、おそらく海外に展開することを想定してファーウェイは建前上、中国国家が絡まない民間企業という形にして、さらに国家が関与するZTEというように通信会社を色分けしてきました。裏では中国国家の総力を挙げて、この通信会社の育成に努めてきたものと思います。中国には世界を席巻するような企業はありませんが、中国が最大の資金と頭脳を投下することで、ファーウェイを世界一に持っていったものと思います。まさにファーウェイは中国の国力を賭けた結晶のような会社なのだと思います。

だからこそ、アメリカがあれほど躍起になってもファーウェイ排除は遅々として進まないのです。アメリカはちょっと手遅れかもしれません。

以下の事象もそうした現実を表しているのでしょう。

新聞各紙（8月6日）によると、4〜6月の世界全体のスマホ出荷は前年同期比2・3%減の3億3320万台でした。先進国を中心に市場の飽和感が漂うなかでもファーウェイは前年同期比8・3%増の5870万台と、アメリカのファーウェイ排除をものともしない実績を上げている。こんな格好になっています。

みたび、米中はガチンコ状態に突入した

先にも述べたけれど、6月29日の米中首脳会談終了後、トランプ大統領が記者会見の席上、「ファーウェイに対しての規制を緩める」「中国はほどなく大豆を大量にアメリカから買うことになる」と言及、米中貿易戦争は再度休戦かと思われました。

ところが、中国が音無しの構えを続けたため、業を煮やしたトランプ大統領が対中制裁関税「第4弾」を9月1日に発動すると表明しました。

その後、新たな展開がありました。その直後の5日、中国当局が元安防衛の目安として意識していた1ドル＝7元のラインを突破したのです。7元を下回る元安は11年ぶりで未知の領域に踏み込んだわけです。

これはどう考えても、対中制裁関税「第4弾」に対する影響を弱めるための措置です。ドル安を目指すトランプ大統領は口をきわめて中国の元安容認に反対していたのですから、さっそくアメリカが反応、中国を「為替操作国」に認定しました。

為替操作国とは、アメリカ財務省が貿易や経常収支で自国を優位に導くために為替を操

作していると判断した国のことです。認定国が行動を改めない場合、アメリカは認定国からの輸入品に対する関税引き上げはじめペナルティを課すことになっているのです。

このアメリカの決定に対して中国人民銀行は強く反発してきました。

「今回のアメリカの措置は今後の金融市場の混乱を誘発し、最後にはアメリカ自身に不幸な結果をもたらすだろう」

元安で市場関係者が連想せざるを得ないのが2015年夏に端を発した人民元ショックです。再び人民元ショックに見舞われるのかどうかは判断がつかないとはいえ、現時点で言えるのは、米中貿易戦争が一段と深化し、通貨安をめぐる米中通貨戦争の様相を強めてきたということでしょう。

これでみたび、米中はガチンコ状態に突入したと考えるべきだと、私は思っています。

ところで、今後米中の日程を鑑みてみると、まず9月に国連総会が迫っています。ここに習近平主席が参加すれば首脳会談ということになるのでしょうが、ちょっとそれは難しいのではないでしょうか。この状況下、アメリカにわざわざ習近平主席が出掛けて行くことが中国にとってプラスになるとは思えないからです。

加えて、10月1日の国慶節が控えています。今年は建国70周年の大きな節目です。中国共産党が中華人民共和国を立ち上げて70周年という重要なイベントの前に、中国がアメリカにすり寄るようなことはあってはならない。それもあって、ニューヨークの国連総会には行かないはずです。

となると、トランプ・習近平会談は11月中旬にチリで開催されるAPEC（アジア太平洋経済協力会議）になる可能性が高いと思われます。そこでまた何が起きるかわかりませんが、私はいったん小休止、というような感じになるのかなと予測しています。

米中首脳はG20やAPECがあるので会談に応じているだけで、今後、かつてのように数日間、相手国に滞在してじっくり話し合う大々的な会談は設定されていません。日程を見ても、いまの米中の悪い流れを改善させるのは難しいと見るべきだと思います。したがって、この流れのなかで中国経済がもつかもたないかが、大きなポイントです。

第4章

中国の凄みと負の側面

国家には伸びる季節がある

皆さんはなぜ中国がここまで台頭して、アメリカとの覇権争いを意識するまで強くなってきたのかを真剣に考えたことはあるでしょうか？　本章ではそのことから述べていきます。

尖閣諸島周辺領海内における中国漁船による海上保安庁巡視船への衝突事件の対応をめぐり、日中が反発し合ったことを覚えておられるでしょうか。あれが２０１０年９月のことでした。

あの尖閣のいざこざがあった２０１０年、ＧＤＰ（国内総生産）では日本のほうが中国を上回っていて、世界第2位だったのです。3位中国、4位ドイツの順でした。

ところが翌２０１１年、ついに中国が日本を逆転、世界第2位が入れ替わってしまいました。中国国家統計局は２０１１年１月、２０１０年の中国のＧＤＰが約39兆７９８３億元（約５１４兆円）となり、日本を上回ったとしたのです。

それがわずか９年で、中国のＧＤＰは90兆３０９億元（約１４４０兆円）まで伸長、日本の約3倍となり、日本は足元にも及ばなくなりました。

しかも本書でさんざん申し上げているように、中国を代表するハイテク企業のファーウエイを見ても、その製品は総合力抜群で、世界的な賞賛を獲得しています。

基本的には、いまの中国は国力が伸びる〝季節〟にあるのだと私は思っています。

中国人もそれなりに優秀だし、日本人も優秀なのですが、やはり国が伸びる季節には、国民がハングリー精神を発揮しなければ爆発的な伸びは期待できないのではないでしょうか。

日本がもっとも発展した季節とは、徳川時代の鎖国にピリオドが打たれ、明治時代に入った時期でした。日本の国力はとてつもなく伸長しました。鎖国から国を解放した途端、あっという間に産業革命の技術力を獲得、わずかの間にロシアに戦争で勝利するという抜群の発展を遂げたわけです。

徳川時代のいわゆる階級社会が消滅していく流れのなか、これまでの閉塞感から抜け出た人々が高揚感とともに飛躍していったということもあったと思います。

もう一つ、日本が素晴らしい発展を遂げた季節は、終戦後の1945年からバブル崩壊の90年まででした。この季節もやはり戦後の焼け野原から出発し、食うや食わずの貧困から脱出する凄まじいエネルギーにあふれていました。そしてそのエネルギーは戦後の経済の戦いに向けられ、短期間での経済成長を成し遂げたわけです。

瞬く間にGDP世界第2位の座をものにした日本人はもともと優秀な民族ではあるのだけれど、置かれた環境とハングリー精神が噛み合って開花したのではないかと私は思うのです。

スーパーの決済に導入されている顔認証システム

日本が猛烈に発展した季節を振り返り、かつ踏まえて言うのですが、どう考えてもいまは中国の季節なのです。

1989年に天安門事件が発生した頃は、鄧小平が設計した「改革開放」からまだ11年目で、経済はあまりしっくりきていませんでした。移動手段は依然として自転車がメインで、5車線も6車線もある道路を自転車が席巻していました。

しかし、中国の若者には「貧しさから脱したい、ここから這い上がりたい、豊かになりたい」という気持ちが強烈にありました。こうしたハングリー精神が経済成長の推進力となり、それが加速度的に進んだのです。優秀な中国人たちが国家を背負って開花していった。

ところが、中国が猛烈に経済成長を遂げているとき、日本の場合はすでに豊かになってしまったことから、それで満足しあまりがむしゃらに動かなくなってしまっていた。そのあたりが中国との差になって表れているのかなと、私は感じています。

ところで、先般、上海を訪ねてきました。

上海で、OMO（Online Merges with Offline：オンラインとオフラインの統合）を推進する小売業、フーマーフレッシュをじっくりと見てきました。

フーマーフレッシュは2016年にスタートしたアリババ系列のニューリテールを標榜する小売業チェーンで、国内に150店舗を展開、1000万人以上のユーザーを獲得しています。

最大のセールスポイントはオフライン（リアル）店舗を「在庫拠点」とし、注文後30分以内にユーザー宅へ配達を行うことです。フーマーフレッシュのオフラインの実店舗に足を運ぶと、既存のスーパーマーケットではあり得ない光景が展開されています。

店内にバイクが次から次へと入ってきて、デリバリ商品がベルトコンベヤーで流れてきて積み込まれます。そのバイクが店舗から3㎞以内の地域に30分以内で配送するために出発していきます。

支払いの場面を見ました。以前見たときには日本のSuicaのような電子マネーでの決済だったと記憶しているのですが、今回は違っていました。顔認証システムになっていたのです。財布もカードも要らないのです。つまり顔パスです。

「ああ、ついにここまで来たのだ」とちょっと感慨深かったです。フーマーフレッシュをはじめとする中国のリテール業における最新技術の導入には目を瞠(みは)るものがあります。

なんだかんだ言ったって、顔は究極の身分証明で、これ以上に個人を証明するものはないのです。いまの中国では顔面認証でお金も借りられるし、アリババのオンライン決済も顔認証で行われています。合言葉は「Smile to Pay（笑顔一つでオンラインショッピング）」。

日本では顔認証システムは一部、たとえば空港イミグレーションのパスポートチェックなどに使われ始めているようですが、一般的には導入されていません。けれども中国においては、ビルの入退室はじめ、セキュリティーチェックが必要と思われるところはほぼ導入されているようです。これもそういう流れになっているとしか言いようがありません、現実なのです。

飛び抜けた精度の顔認証システムを育てるプライバシーのない中国

実はこの顔認証の技術を開発したのが中国のハイクビジョン（杭州海康威視数字技術）、ダーファ・テクノロジー（浙江大華技術）という監視カメラ、防犯カメラメーカーで、前者が世界シェア1位、後者が2位、この2社で世界シェアの3割以上を押さえてしまっています。

なぜでしょうか。その答えはファーウェイのスマホや基地局と同じで、性能が良くて廉価で、他に真似ができない魅力を備えているからなのです。

実際、これまでは米軍基地にもハイクビジョンの顔認証システムが採用されていたそうですが、アメリカのエンティティー・リスト（EL）に指定されたことから、ファーウェイと同じようにアメリカ市場からは排除される運命にあります。

エンティティー・リストとは、アメリカの国家安全保障や外交政策上の懸念があると認められる企業のリストのこと。中国企業大手ではこれまでZTE、中国航天科工集団

（ＣＡＳＩＣ）、福建省普華集成電路（ＪＨＩＣＣ）、ファーウェイ、そしてハイクビジョンとダーファ・テクノロジーが指定されています。

そして現在の中国の顔認証テクノロジーをリードする企業が、北京の清華大学の同級生3人が立ち上げた「メグビー（Megvii）」です。２０１１年に設立された同社は、顔認証ソフトウェアの「Face++」を事業化したベンチャー企業です。ここの技術に関しても凄いとしか言いようがありません。

メグビーが世界を驚かせたのは２０１４年、世界でもっとも権威のある顔認証評価システムＬＦＷ（LabeledFaces in the Wild）テストにおいて、メグビー開発の「Face++」が顔認証率で世界トップの97・27％の精度を記録したからでした。

図抜けた精度を実現したバックボーンにはメグビーだけが備えるＡＩがあります。ＡＩのブラッシュアップに不可欠なのはディープラーニングです。できるだけ多くの顔にあたり特徴をビッグデータ化し、認識、分析させるかが精度を高めます。そのデータ量がメグビーの場合は半端ではないのです。

メグビーの顧客には配車サービスの滴滴出行、アリババ傘下の金融会社のアントフィナンシャルや、ＳＮＳのウェイボー（新浪微博）などがあると言われていますが、最大の顧客は当然ながら中国政府です。

中国の強みは14億人の人口がいて、ＡＩを磨くのに断然有利なのはプライバシーに関係なくビッグデータを集められるところです。データを次から次へと集められるし、それを中国当局も使いたがるので、発展の速度が断然速いわけです。

日本には人口1億人しかいないし、しかもプライバシーにうるさいから、なかなかビッグデータは集まってきません。アメリカだって3億5000万人いて、いちおう監視社会化を目指しているけれど、やはりプライバシー侵害には敏感で、それがひとたび発覚すれば侃侃諤諤（かんかんがくがく）の議論になってしまうわけです。

ところが、中国では何も言われない。だから14億人ほとんどのデータが使えてしまう。しかもハイクビジョンやダーファは世界中で使われていることで、各国の人々の顔データも手に入るわけです。これは強いです。ＡＩ全盛時代にこうしたビッグデータを使って次から次へとテクノロジーを発展させることができるのですから。この分野については、どの国も中国勢にはまったく敵いません。

これも余談になりますが、いま中国の辺境農村部や辺境で零細事業を営んでいる人たち向けのいわゆる「スマホ銀行」が大当たりをしているのをご存知でしょうか。金融とＩＴを融合させたフィンテックが実現させたサービスで、すでに融資対象者は1億人超、貸出残高は年間１７００億元（約２・５兆円・２０１８年）に達しています。しかも不良債権率はきわめて低く、約１％といいます。

なぜこんな芸当が可能なのでしょうか。スマホ銀行側の与信システムがしっかりと機能しているからです。

スマホ銀行業界の2強は、アリババ系の網商銀行とテンセント系の微衆銀行。この2行だけで全国シェア90％。

網商銀行はアリババ系の信用情報機関「芝麻(ゴマ)信用」が管理する個人情報（身分、支払い能力、信用情報、交友関係、消費の5項目）をポイント化したものを与信基準に、これをＡＩが審査し、信用力を弾き出します。微衆銀行は親会社のテンセントが展開する数億人に達するＳＮＳ会員の決済履歴や電話の通話内容をＡＩに分析させ、信用力を導くのです。いずれも審査時間は1秒から数秒しかかかりません。

スマホ銀行が隆盛をきわめる世界。すでに中国はここまできているのです。同時にスマホが中国全土、津々浦々まで浸透していることを示しているといえます。

アメリカ留学希望者の予備校だった清華大学

ここまで論じてきたとおり、お世辞抜きで中国のテクノロジーは驚異的に伸びています。その最大の要因は何といっても、国を挙げての徹底的な英才教育でしょう。

かつてはシンガポールやマレーシアなども徹底的な英才教育を行ったのですが、14億人を抱える中国には及びません。人口が14億人もいれば、優秀な人間はかなりいます。

中国の理工系大学のトップ清華大学ですが、北京大学、上海交通大学などが続き、これらを頂点として約1000の大学がヒエラルキーを形成しているのです。

トップに君臨する清華大学は不思議なルーツを持っています。設立は1911年。実は1900年に起きた義和団事件、これは義和団という宗教団体が外国人排斥に出て、それに勢いを得て当時の清(しん)がイギリス・フランス・オーストリア・ロシア・日本・ドイツ・イタリア・アメリカの8カ国と戦った事件でした。言ってみれば、中国が西欧列強と日本に苛め抜かれていた頃のことです。

その戦いに敗れた中国は莫大な賠償金を払わされたのですが、アメリカから返還された賠償金を元に設立されたのが前身の「清華学堂」でした。これでは何の学校かわかりにくいので、その後「清華学校」に変更されました。

要はこういうことだったのです。「この大学はアメリカに留学することを希望する中国人の若者のためにつくられた予備校」でも、大学の創設資金は戦争に負けた中国の賠償金で、もともとは中国のお金でした。

1928年に「国立清華大学」に名称変更となり、いまでは中国の名門中の名門大学として知られています。

2010年あたりのAI関係、サイエンス関係の研究でどこの大学が一番優れているかというランキングを調べると、1位はアメリカのカーネギー・メロン大学、2位はMIT（マサチューセッツ工科大学）でした。この順位がしばらく続いたのですが、近年、変わりました。いまは1位が清華大学、2位はカーネギー・メロン大学、3位が北京大学になっているのです。

それだけ清華大学の台頭ぶりが凄いのですが、やはりその成功の理由は徹底的なエリート主義に収斂（しゅうれん）するのです。

先にふれた中国の顔認証テクノロジーをリードする企業のメグビー（曠視科技）にしても、清華大学出身者が立ち上げたベンチャーでした。そもそもメグビーの意味は、コンピューターに目を与えるということなのです。コンピューターに目を与えてメガビジョンに次から次へと顔の画像を観させてディープラーニングさせ、精度を高めていったわけです。

天才起業家向けに用意されている清華大学「ドリームコース」

メグビーの創立者で最高技術責任者の唐文斌（タンウェンビン）は清華大学に無試験で入っています。

中国では国立大学が大きく幅を利かせているのですが、私立大学がないわけではありません。私立大学は独立学院と呼ばれており、全国で300校以上、約300万人の学生が学んでいます。ただし、日本で言うところの早稲田とか慶応に相当するところは見当たりません。

とにかく中国の大学ヒエラルキーのトップに君臨する清華大学に入学するだけでもエリートに値するのに、そこに無試験で入ってくる人間とはいったいどんな頭脳を持っているのでしょうか。

清華大学のコンピューターサイエンス部には世界的なコンピューター科学研究者である姚期智（ヤオチーチー）教授がいて、そこで30人のゼミ生を採っています。門下生にはメグビー創業に参加した印奇（インチー）氏などがいます。

清華大学に入るのも大変なのですが、その頂点の30人だけを選抜して徹底的にしごいて教えているのだと聞きます。要するに、天才をどんどん引っ張り上げて、さらなる高みへと向かわせているわけです。

世界中でサイエンス関連のさまざまな大会が催されています。そうした大会を総なめしたような連中が清華大学コンピューターサイエンス部に籍を置いて研究に邁進しているのです。

彼らのなかには卒業後にシリコンバレーに向かってＧｏｏｇｌｅに入ったり、国内ではファーウェイ、テンセントに入ったりする連中が多いようです。でも、さらに凄い連中は迷わず起業するわけです。メグビーもハイクビジョンもダーファ・テクノロジーの創業者も起業組です。

したがって、清華大学、北京大学を頂点に毎年次から次へと起業家が出現しているのです。エリートをどんどん育て、エリート中のエリートに才能があるのはわかっていますから、4兆円程度の軍資金を持っている清華大学自体が「ドリームコース」を設けているわけです。これは非常にうまいやり方です。

もちろん、起業家たちのバックアップ体制は万全の構えです。起業するには何が必要でしょうか？　まずはスポンサーが必要で、成果物を買ってくれるお客が必要になります。それを清華大学がすべて用意してくれるのです。

加えて、経営に不可欠なエレメンツを起業家たちに教え込むわけです。彼らのうちの多くは海外に渡り、ＧｏｏｇｌｅやＭｉｃｒｏｓｏｆｔで経験を積み、帰ってきた起業組ですから、船出はことのほか早いのです。

彼らは14億人のなかのトップ中のトップだから、一種の天才ですよね。しかも清華大学に無試験で入ってしまうメグビーの唐文斌などは完全な天才ですから、彼のような企業家に対して徹底的にサポートするのは、きわめて理に適っているわけです。

中国に移っていく日本人研究者の本音

それに引き換え、わが日本のハイテク部門の現状はどうでしょうか。お寒いかぎりです。2014年末に齊藤元章氏が書いた『エクサスケールの衝撃』という本は文字どおり衝撃的なものでした。世の中で「人工知能・AI」という言葉も「シンギュラリティ」という言葉もメディアで目にすることがなかったときだけに、読者にひりひりするような刺激を与えてくれたものでした。

齊藤元章氏はスーパーコンピューターの開発者で、2015年世界スパコンランキング「Green500」で世界1~3位を独占、その後は史上初の3連覇の偉業を達成。しかも、次世代の汎用人工知能（AI）の研究者としても有望視されていた人物でした。

私は齊藤氏のセミナーに参加したり、ちょっと話をしたこともあったのですが、彼が横領で逮捕されたのには驚きましたね。スーパーコンピューターの開発をめぐる国の助成金約6億5300万円をだまし盗ったとして詐欺罪などに問われたのでした。ことの詳細はわかりません。何かの行き違いがあったのではないでしょうか。齊藤氏は日本国のことを考えて必死に研究していたと思います。「スーパーコンピューターの技術を中国のような国に握られるワケには絶対にいかないのです」と強調していました。私自身は当時、あんなすごい才能をぶっ潰してどうするのかと思いました。どうも日本には「出る杭は打たれる」という風潮があり天才が育っていけません。

このところ日本の優秀な研究者がどんどん中国に移っているらしいのです。

動機は何だと思われますか？

簡単です。「金です。金をくれるからです」

研究費が1桁違うのだと、中国に移っていった日本人研究者はそう吐露していました。これは非常に大きなことです。日本の政策では「予算は自由に使ってください、勝手にやってください、このぐらい使わなければ、いい研究などできないですよ」といった土壌はまったくできていません。

ちょっと話がそれるかもしれないけれど、昔お世話になった教授に、私がかねがね抱いていた疑問をぶつけてみたことがありました。

その疑問は何かというと、多くの人が同じ疑問を持たれているかもしれませんが、「なぜ日本は明治の時代にあれだけ大発展して、あっという間に日露戦争でロシアを破るまで行ったのに、昭和ではあんなひどい馬鹿な戦いばかり繰り広げたのだ？」というものでした。

しかも昭和で戦争をやった連中は、陸軍士官学校出身で、当時で言えばトップ中のトップたちだったわけです。それがなぜあんなひどいことをしでかしたのか。それがわからなかったのです。

私はその答えをずっと考えてきて、おぼろげながら、当時は正確な情報がなかったからだというふうに思っていました。

日露戦争の真実をなぜ司馬遼太郎が書けたのに大学教授が書けなかったのか？

日露戦争などはギリギリで勝ったわけです。司馬遼太郎の『坂の上の雲』に詳しく書いてありますが、旅順の２０３高地では、違う方向から攻めれば良いものを真正面に攻めて、５万人以上を無駄死にさせています。それが児玉源太郎が来たら４日で落としたわけです。

それでは死なせた5万人はどうなるのかという話になりました。これは陸軍の作戦のやり方が下手だったからにほかならないのです。

「もし日露戦争の後、司馬遼太郎の本があって、日露戦争の真実が陸軍士官学校や日本の社会全体に伝わっていれば、昭和の太平洋戦争みたいな戦いはしなかったはずでしょう。ところが、昭和の戦争が終わっても大学教授で日露戦争の真実を書いた人がいない。なぜ初めて本当のことを書いたのが作家の司馬遼太郎なのでしょうか。これは大学教授がやるべきことではありませんか」

そう嚙み付いた私に向かって、教授はこう返したのでした。

「そのとおりだ。あなたの言うとおりだ」そして、こう続けました。

「実は日本の大学には金がないのですよ。金がなくて、やりたくともできないわけです。司馬遼太郎はロシアに出向き、ロシアの文献を全部調べて、そこでようやく真実を突き止めたのです。金があって、スタッフがいて、スポンサーがいたからできたことです。つまり研究には金がいる。金がないといい研究はできない」

私は最初は、理科系の話ならわかると思いました。理科系に必要なさまざまな実験や研究には金がかかるのはわかっていたけれど、文化系の調査、研究にも多額の金が必要なのを、そのときに思い知らされた気がしました。

中国はふんだんに予算をつけるから、日本で研究に飢えている優秀な研究者をどんどん引き寄せているわけです。彼らの飢えを満たすために。

だから圧倒的に強いわけです。それで清華大学にどんどん世界中の優秀な研究者が押し寄せてくるのです。

メグビーの「フェイス＋＋」の威力

ふたたび、清華大出身者3人が立ち上げたメグビーに戻ります。20代後半から30代の前半の人材が中心になって活動している若い会社なのですが、株式時価総額はついに5000億円を超えています。

これには立派な裏付けがあるのですね。先刻ご紹介したアリババ系のスーパーのフーマーフレッシュの顔認証システムの「smile to pay（笑顔で決済）」のメカニズム心臓部にはメグビーの「フェイス＋＋」が導入されているわけです。

フーマーフレッシュの顧客すべての顔がクラウド上で「フェイス＋＋」で精緻（せいち）に分析さ

れ、smile to payが実行されるシステムが構築されました。このおかげで何が起きたでしょうか。

中国国内の犯罪容疑者5000人が割り出され、逮捕されてしまったのです。

ですから、メグビーの「フェイス＋＋」は文句なしに優れものなのです。

したがって、ラテンアメリカの政府がこのシステムを欲しがるのは当然といえば当然ですよね。

これが中国の現実で、中国はここまで来ているのだということを理解していただきたいのです。

安全保障に拡大しつつある米中の争い

中国の2019年4〜6月期の物価の変動分を除いた実質経済成長率（速報値）は6・2％でした。1〜3月期の6・4％を下回り、四半期の成長率としては比較可能な1992年以降、最低を記録しています。

重要指標である自動車販売についても、この1年間ずっと落ちっぱなしです。けれども、米中の貿易摩擦の問題が現われるのは今年下半期ということです。

アメリカの政治学者で　コンサルティング会社ユーラシアグループ社長のイアン・ブレマーも言っていました。「中国の経済がどのぐらい減速するのかが今後の問題だ」

イアン・ブレマーはこう断言しています。

「Gゼロの時代は10～20年続き、その後の世界秩序を担うのはアメリカではない。中国は唯一の支配国とはならなくとも、支配的な役割を演じるだろう。日本はそうした状況をしっかり受け止める必要がある」

世界はGゼロ時代が続くが、次の覇者はアメリカではないよと断言しているわけです。

私はアメリカが巻き返すのではないか、中国はそこまでいけないだろうと思ったのだけれども、今回ファーウェイなどについて調べていて、いや、やはり中国はいま徹底的に強いなと感じざるを得ません。

日本がアメリカ側にくっつくしかないのは、コンセンサスではそうなのですが、その場合に日本がおかしくなるということは現実にあり得る問題なのです。

6月29日、G20後の米中首脳会談の最中、中国は東シナ海の人工島から弾道ミサイルを発射しています。これは中国国内向けのパフォーマンスで、貿易戦争でアメリカとは徹底的に戦うぞという意思を見せているわけです。

まずいのは、中国はそうした形でパフォーマンスに訴えれば、アメリカもそれに応えるかのように、台湾に武器を売却するぞといった台湾カードを使い始めたことです。

いままでは経済だったのが、争いが安全保障に拡大をしつつあるのです。これはきわめて憂慮すべきことです。

完全に勝つか負けるかという相克は、経済から安全保障レベルをも巻き込んでいく恐れがあるからです。あきらかに米中関係は悪化しています。これは恐ろしいことです。われわれは頭にしっかりと刻んでおかねばなりません。

大盤振る舞いの景気対策

中国の凄さ、恐ろしさについては先に縦横に述べたつもりですが、中国が困り者なのは、一党独裁の専制政治が敷かれていることから、報道が恣意的であることです。国内経済の実態や実相についても断片的にしか伝えられないことで、これには誰もが手を焼いていることでしょう。ここではなかなか報じられない中国の負の側面、内実についてできるかぎ

中国の実質成長率は統計開始以来最低

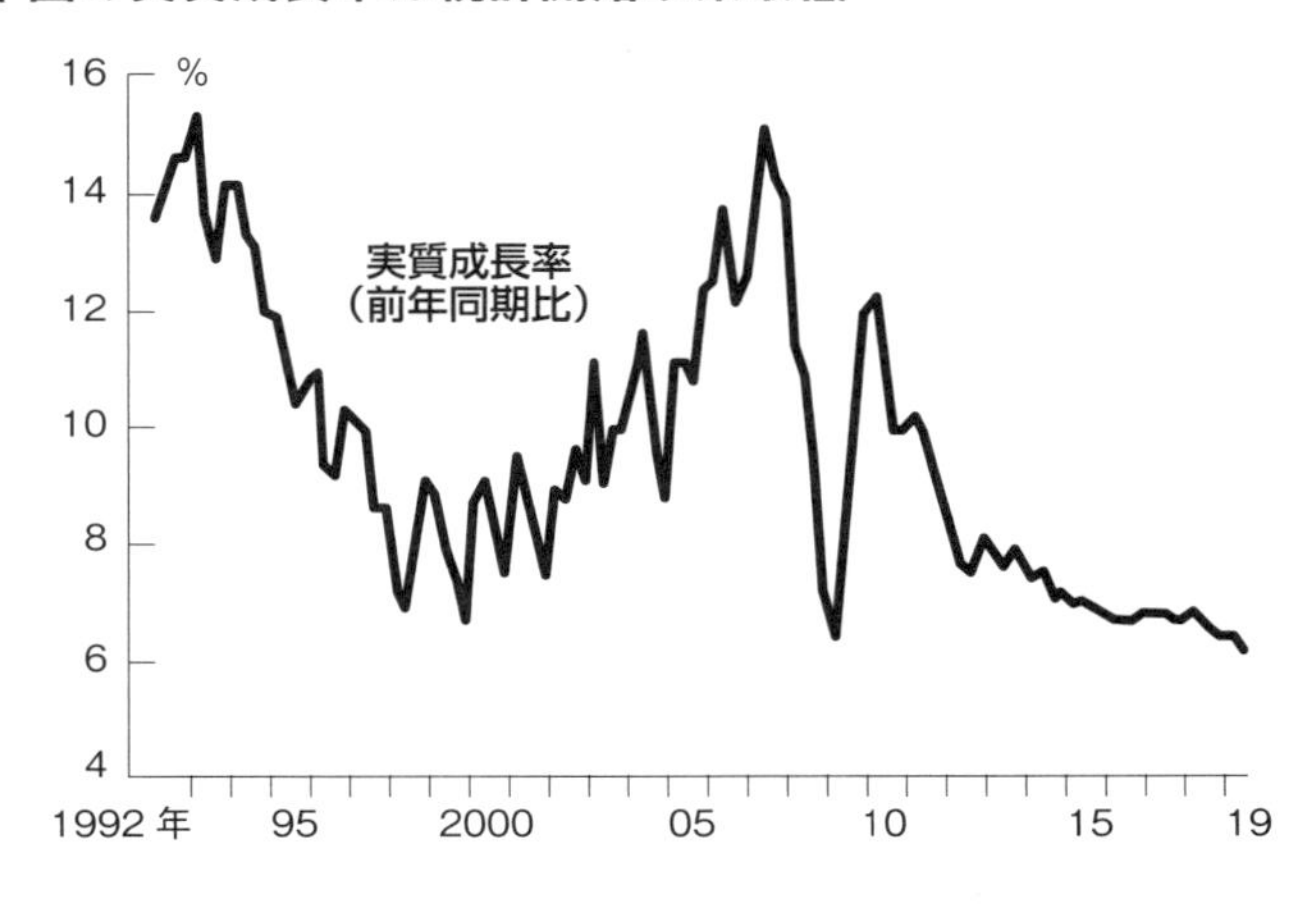

出所：日経新聞（2019年7月16日）

りフォーカスしていきます。

中国が今年打った景気対策は異様なものでした。

中国政府は減税に加えて公共投資を大幅に拡大、その資金を捻出するため、借金漬けで身動きのとれない地方政府に対して、地方債の発行を大幅に認めたのです。すると、各地方も大量の地方債を発行、国有銀行がそれを無条件で購入するという、まことに野放図な構図となりました。

また、当局は金利を引き下げ、銀行に対し（特に中小企業への）貸し出しを増やすよう圧力をかけました。

その結果、中小企業向け融資も20％弱拡

大しました。さらに、昨年締め付けられていた、いわゆるシャドーバンク（影の銀行）に対する規制も大幅に緩和するなど不透明な融資が大々的に再開されたのです。しかも4月には大幅な消費減税が実施されました。

かように当局は「なんでもあり」の、必死の景気対策を打ったのでした。そして「これだけ大盤振る舞いを行えば、当然、消費への好影響も出てくるはず」と思われていたのでした。

中国新車販売16.4%減
5月　2ヵ月連続2桁マイナス

【広州＝川上尚志】中国汽車工業協会は12日、5月の新車販売台数が前年同月比16・4%減の191万台だったと発表した。前年実績を11カ月連続で下回り、下げ幅も2カ月連続で10%を超えた。欧米大手の販売はやや改善したが、中国民営大手が苦戦した。中国政府は大型減税などによる需要喚起を目指しているが、米中貿易戦争などで景気の不透明感は強く、消費者の購入意欲の落ち込みが続いている。

中国の新車販売台数は2018年7月から前年実績割れが続くなか、19年5月の下げ幅は最大になった。中国政府が4月から増値税（付加価値税）を引き下げたのにあわせ各メーカーも自動車価格を3%前後下げたが、販売拡大につながっていない。「車より不動産への支出が優先されている」（乗用車の業界団体）という声も聞かれる。

5月の販売台数の内訳は、全体の8割を占める乗用車が17・4%減の156万台と落ち込みが大きかった。商用車は11・8%減の35万台だった。

メーカー別では中国の民営自動車大手の苦戦が目立った。浙江吉利控股集団は26・6%減と4月の19・3%減から下げ幅を広げた。長城汽車も11・8%減と4月の2・5%増から悪化した。「長城汽車は競合に比べて在庫の値下げを抑えていた影響があった」（中国の中堅証券会社）という。

欧米大手の5月の実績はやや改善したものの低迷が続く。独フォルクスワーゲン（VW）は合弁会社の一汽VWの販売が悪化した。米ゼネラル・モーターズ（GM）は合弁会社の上海GMが9%減と4月の26・7%減から下げ幅を縮めた。

日系メーカーはホンダが37・4%増、トヨタ自動車が12・1%増と好調だった一方、日産自動車は4・8%減となり明暗が分かれた。

中国政府は自動車需要の喚起に向け、環境対策として取り組んできた車のナンバープレート発給制限を緩和する方針を打ち出し、6月に南部広東省の主要都市である広州市と深圳市が先行実施した。政府は旧型車を新エネルギー車に買い替える際に補助金を支給する案も検討している。

ただ足元の政策効果は限定的で、販売低迷は長引く可能性がある。

出所：日経新聞（2019年6月13日）

ところが消費はまったくふるわず、象徴的だったのは4月の新車販売台数で、前年同月比16・4%減、乗用車に限ると17・4%減という落ち込みようでした。

消費税引き下げを待って消費が拡大、自動車のような高額な買い物は税金引き下げが当然効くと思っていたのにまったく効果がなかったのです。

中国経済は水面下で想像以上の問題が発生している。それを予感させるものでした。

ＧＤＰの50％にものぼる中国の家計債務

ＢＩＳ（国際決済銀行）によると、中国の企業債務の対ＧＤＰ比は２００８年3月時点で１４２％だったものが、２０１８年6月には２５２％と爆発的に拡大しています。上場企業の半分超が借金を返し切って無借金の日本企業とは雲泥の差です。

これだけではありません。中国の人たちは「不動産さえ保有していれば安泰」とする考えの下、巨額の住宅ローンを組んで積極的に住宅を購入してきました。

中国の家計債務（主に住宅ローン）を対ＧＤＰ比でみると、２０１３年に33％だったものが２０１８年には50％（約７００兆円）と、これも爆発的に増えているのです。

ちなみに日本人の住宅ローン残高はＧＤＰ比で５％（24兆円程度）の水準です。

「中国人はＧＤＰの50％、日本人は５％」という家計の借金の極端な違いを頭においてください。日本の家計が中国ほどの借金を抱えていたら、眠れない人ばかりとなるでしょう。

こう見ていくと、中国では企業も家計も異様なレバレッジ（いわゆる借金）により膨大な資金が活用されていて、その資金が特に不動産価格を支えてきたことがわかります。も

中国の債務が再び膨張（GDP比）

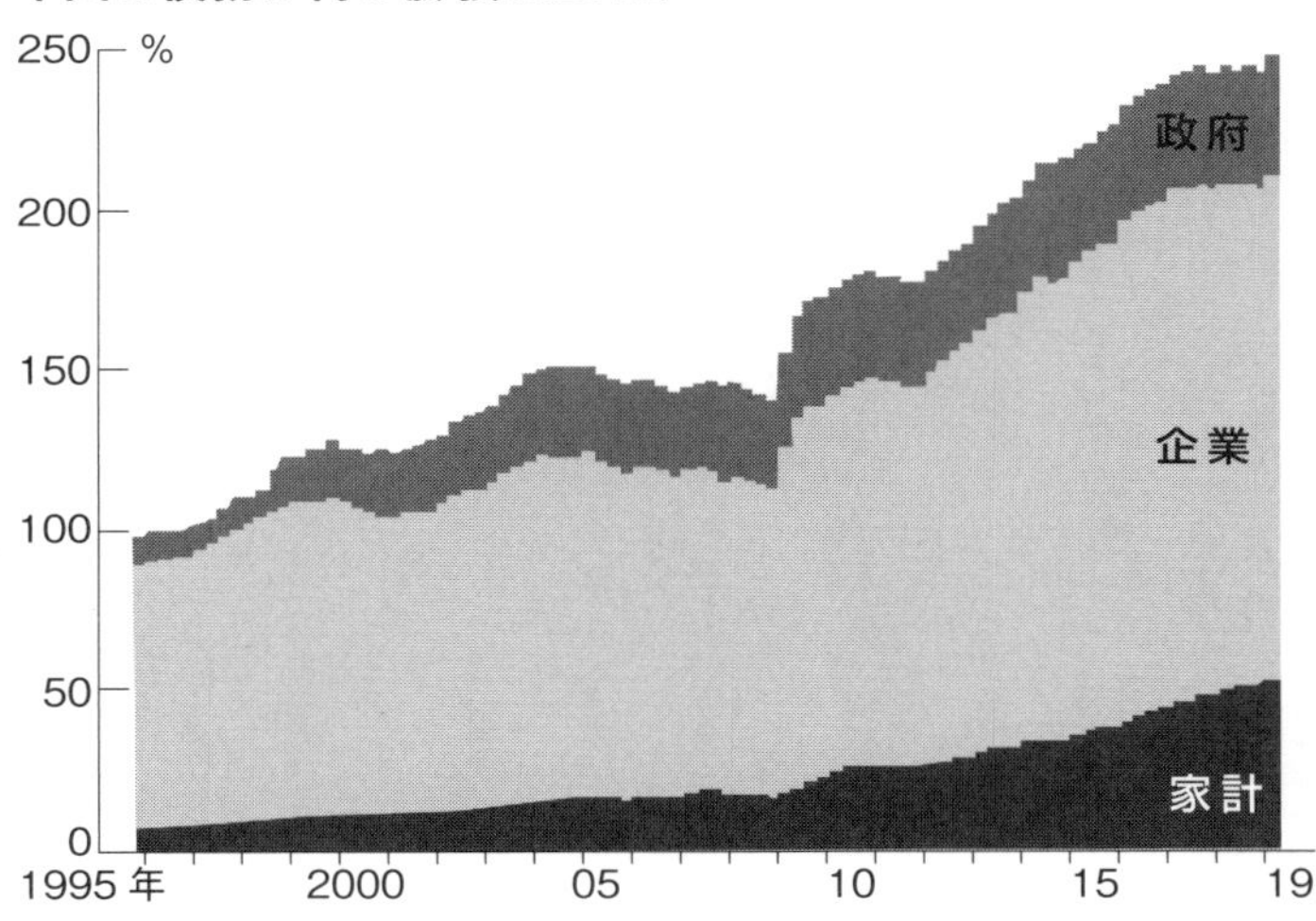

出所：中国社会科学院
出所：日経新聞（2019年6月13日）

しそれが崩壊したら、日本のバブル崩壊どころの衝撃ではないでしょう。

3年前、中国の不良債権の巣と言われたオルドスに視察旅行で訪れた際、人のいないマンション群（中国語で鬼城）が延々と続いていたことが忘れられません。しかしその後も、破綻の話など聞いたこともありません。

こうして紹介してきたのは米中交渉が決裂する今年5月前の状態ですので、中国経済はアップアップであった可能性は否定できません。中国経済は当局の最大限の景気対策によって、なんとか持ちこたえていたのでしょうか。

灰色のサイと呼ばれる不動産バブル崩壊

しかしながら、不動産バブル状態といっても中国の不動産バブルはいっこうに鎮静することなく、不動産価格は上昇し続けてきたのです。

もう一方の問題である膨大な借金は、「灰色のサイ」と呼ばれ、警戒されてはきました。サイという動物は、ふだんはおとなしいのですが、いったん暴走し始めると手がつけられなくなります。「灰色のサイ」とは、「不動産バブル崩壊がいったん始まると、どうしようもなくなる」という比喩(ひゆ)なのですね。

習近平国家主席は年初の講演で、「灰色のサイを防がねばならない」と警戒感を示しましたが、そのための構造改革についてはそっちのけでした。それどころか、目先の景気対策のために借金を拡大させる方針に転換しました。

現在、中国の不動産価格の時価総額は65兆ドル（約7200兆円）と言われています。

一方、上海総合指数の時価総額は今回の株式大幅下落によって1カ月弱で1兆ドル（約110兆円）ほど減りましたが、それでも時価総額は530兆円程度です。

どうぞ、不動産の額と比較してみてください。

中国の不動産の時価総額は、株式の時価総額の13倍です。これは通常、あり得ない倍率なのです。

バブル期の日本でも、不動産の時価総額は株式市場の時価総額の3倍程度でした。それでも当時、「東京都の不動産時価総額でアメリカ全土を購入できる」と豪語している人もいました。それはともかく、いまの中国の不動産バブルは、日本のバブル時を数段上回っています。

実際のところ、中国の大都市では、不動産売買に大きな規制がかかって自由に売買できない状態が続いているようです。当局は不動産価格が下落するような話は一切報道しないように締め付けているようですが、持続不能なものは持続できません。今回のアメリカからけしかけられた貿易戦争で、こうした中国側の持続不能なもの（問題）が一気に露わになるのが恐ろしいのです。中国経済は不動産価格が名目上一応保たれているので、大きな問題が起きてこないワケですが、もし本格的に不動産暴落が始まれば一気に大混乱が生じるのは必至です。

サプライチェーンの崩壊が始まっている

アメリカは究極的には中国を潰したいと考えているはずです。しかし、自国が返り血を浴びるのは困ります。アメリカの景気が持続できる範囲内で中国経済をできるだけ叩きたいわけです。

アメリカでは来年大統領選挙もありますし、景気の悪化はなんとしても避けたいでしょう。また、中国もギリギリのところにいますので、メンツさえ立てばアメリカと妥協したいところです。

米中とも対立はあるにせよ、自国の景気動向を考えれば、妥協をしても景気悪化だけは食い止めたいのです。だから、米中の争いは激しさを増したり、緩和したりという過程を繰り返してきました。

ところが、こうした動きは企業経営者の立場から見ると、まったく違った「絵」になります。最終的にどうなるかは別として、米中問題は先行きが不透明です。しかも米中の覇権争いは絶対的にまだまだ続きます。そうなると、アメリカに輸出するために中国に生産

中国は大卒の求人も急速に悪化

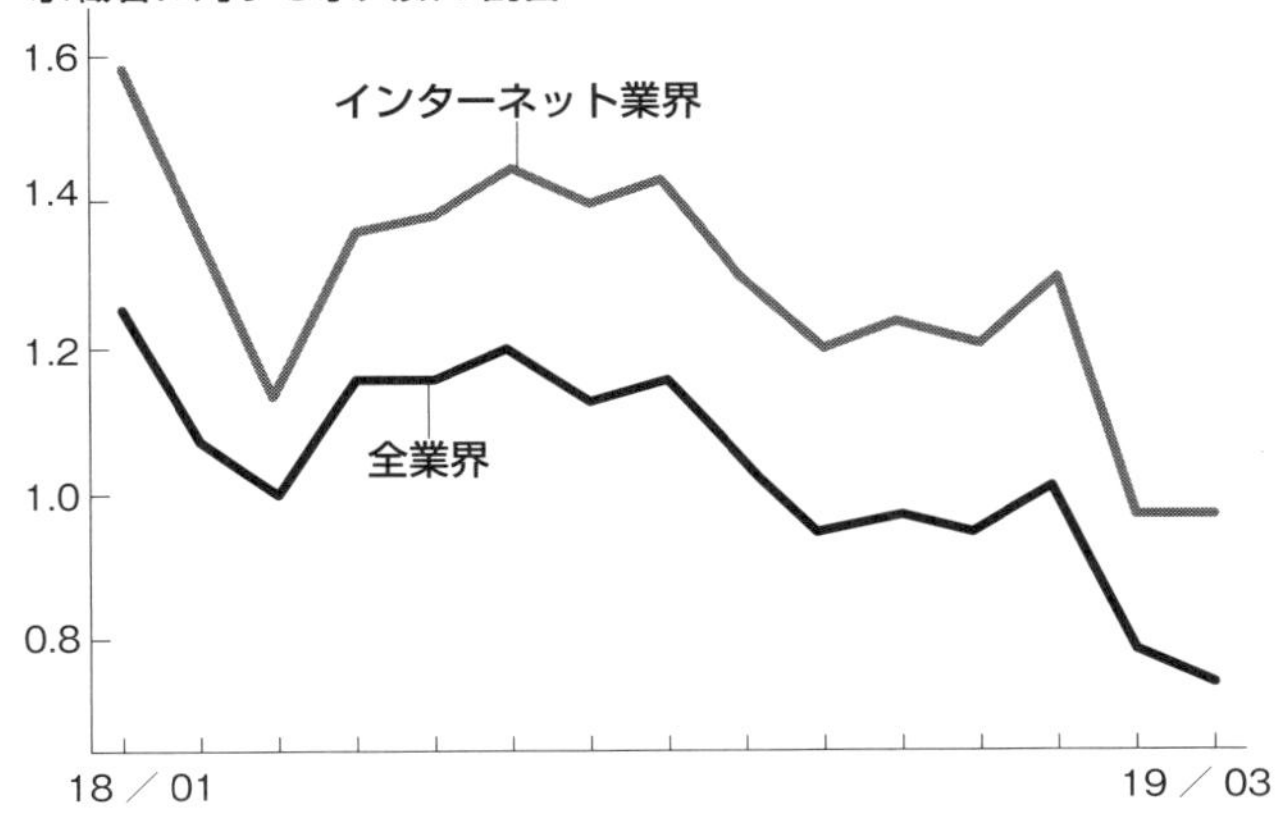

出所：猟聘網
出所：日経新聞（2019年6月14日）

拠点を構えているのは、どう考えてもリスクが大きいわけです。

しかも中国では人件費が上がっています。将来のリスクと人件費の高騰を考えれば、早めに生産拠点を中国から別の地域、たとえばベトナムとかカンボジア、ミャンマー、タイ、ないしはメキシコあたりに移すのが経営として合理的です。

アメリカの消費者にとっては「メイドインチャイナ」も「メイドインベトナム」も「メイドインメキシコ」も関係ありません。

関税リスクが絶えない中国から早めに撤退して生産拠点を別の地域に移転するのが、経営者として賢いやり方でしょう。

不動産バブルの崩壊が心臓発作のように

突然襲ってくるものとすると、癌のようにじわじわ中国を蝕んでいくのが、こうしたサプライチェーンの崩壊です。

ファーウェイの問題でわかるように、ハイテク技術において米中の経済（圏）は分断していく可能性が高いわけですが、現在、この分断の流れに沿ってさまざまなサプライチェーンが自然に分断されていく動きが始まっているのです。

一番のお客様と喧嘩をして栄える国はない

すでに生産拠点の移転は始まっています。アイフォンの生産を請け負っている鴻海精密工業（台湾）傘下のフォックスコン・テクノロジーは、年内にインドで大型生産を始めることを明らかにしました。

日本企業でも三菱電機やコマツ、東芝機械などは中国から生産拠点を移管し始めています。これらの企業に他の企業が続くのも時間の問題でしょう。

かように、中国から外資企業が続々と逃げ出す大勢になってきているのです。中国は完全にジレンマに陥っています。中国はアメリカに年間55兆円もの製品を輸出しています。

いわば、中国にとってアメリカは一番のお客様です。お客様と喧嘩をして栄える人、栄える国があるでしょうか。

一方、中国国内では、「法律まで変えてアメリカの言うことを聞け！」と言うトランプ政権の強硬な態度を受け入れることができないわけです。

国家資本主義（※）によって企業に補助金を集中的に出すことや、事業を展開する外国企業に技術を供与してもらうこと、あるいは外国企業の技術を盗むことによって中国は発展してきました。これらは中国の国家資本主義の中核、中枢にほかなりません。まさに劉鶴副首相が中国メディアに述べたように「基本問題で譲歩することはできない」のです。

今回、習近平国家主席も共産党内の激しい反発のなかで、アメリカに対して強気に出るしかなかったと思われます。自らの権力基盤を失うわけにはいきません。かといって、お客様でもあるアメリカと喧嘩をしてしまっては、中国経済への打撃が想像以上に大きくなる可能性があります。

特に、先に論じた過剰債務問題と不動産バブルの問題は一触即発です。このままいくと、中国発の世界を揺るがす大激動が勃発しないとは言えない状況です。

※国家資本主義：国家主導で推進される資本主義。市場原理に基づいて企業が競争する西欧型の自由主

義経済とは対照的な経済体制。国有企業や政府系ファンドを通じ、政府の政治的意向が経済に大きく反映される。

第5章

トランプと金正恩の関係

アメリカ政府の要請にまともに答えられない韓国の窮状

ハリー・ハリス駐韓アメリカ大使は、「５Ｇのサイバーセキュリティは同盟国の通信を保護するための核心的な要素だ。いま下されている５Ｇ関連の決裁が今後数十年の国家安全保障に影響する」と再三再四、韓国政府に警告を与えてきました。

おさらいになりますが、中国当局はアメリカのファーウェイ排除の流れを受け、韓国企業のサムスン、ＳＫハイニックスなどファーウェイと取り引きのある韓国企業の代表者を呼び出しています。そこで、ビジネス以外の目的で供給を止めた外国企業を指定し、中国との取り引きを制限すると恫喝されました。

これは中国への輸出で生き延びているといっても過言ではない韓国企業にとっては衝撃でした。しかも、かつてアメリカに協力したＴＨＡＡＤ配備による中国からの報復の悪夢が甦（よみがえ）ってきました。

中国の手口は陰湿かつ強烈さをともなっていました。官民一体の韓国バッシングと不買運動が激しく行われ、韓国企業はとんでもない目に遭わされたのです。中国から韓国への団体旅行の禁止から始まり、サムスンのスマホのシェア半減、現代自動車の売り上げは前年対比3分の1に、ロッテグループは中国からの撤退に追い込まれました。

結局、いまの韓国はアメリカ政府から韓国製半導体を中国に輸出しないよう要請されても、まともに答えられなくなっているわけです。実際には、中国に半導体を納入しないということはできないのですから。

これが韓国という国の立ち位置です。中国と陸続きですからね。だから韓国の文大統領はアメリカとは協議はできないし、それについてのコメントもできない。アメリカと中国の間で股裂き状態になっているのが韓国の実相なのです。

そういうわけで、今回の韓国側の流れは非常に際どいところに来ていると思います。これまで述べてきたような事情が横たわっていることから、さらに地政学的条件から、なかなか韓国はアメリカの言うことを聞けないのです。

ただ韓国の状況を考える場合、韓国における歴史的な経緯と韓国の置かれてきた状況も考慮に入れる必要もあるでしょう。先に書きましたが、韓国はユーラシア大陸の最も東に位置し、太平洋を望む要衝です。当然大国である中国やロシア、そして海を隔てた日本からは狙われる存在、地政学的に非常に魅力的な位置を占めているわけです。ですから歴史的にみても朝鮮半島をめぐる争いも絶えないわけです。太平洋を望む要衝をどの国も手に入れたいわけです。これらの要衝はどうしても戦争の舞台となる歴史的な流れがあるわけです。

朝鮮半島は大陸国家から見れば海への出口であり、海洋国家からすれば、大陸に向かう入り口です。時の覇権国がどうしても欲しい魅力的な場所なわけです。日露戦争も日本とロシアが戦ったわけですが、裏で日本をそそのかして糸を引いたのは当時の海洋国家である英国でした。英国は日本と日英同盟を結びました、英国はアジア地域で太平洋に南下してくるロシアを抑えたかったわけで、そのために決して同盟など組まなかった英国が〈栄光ある孤立〉というプライドを捨てて、日本と同盟を組んだわけです。

しかしそれはロシアの進出を抑えたい英国が日本を利用したに過ぎなかったわけです。結果的に朝鮮半島や中国の沿海部、日本海を舞台として日露戦争は勃発したわけです。ある意味当時急激に勃興する日本が取った行動は英国の思惑どおりだったかもしれません。

かように歴史を振り返ってもわかりますが、韓国の地政学的位置が中国やロシア、そしていまでは日本やアメリカの思惑も含んだ複雑な利害関係が交錯するところでもあるわけです。当然大国の利害関係をバックにして、韓国国内の勢力図も出来上がってくるわけで、それらがまた対立するわけです。

韓国の歴史をみると米国や日本と協力して国を作ろうとする勢力と民族主義を前面に押し出して中国などの力をバックに日本などと厳しく対峙しようとする勢力が右派と左派として二つに割れて争ってきた歴史があります。

保守勢力はどちらかというと日本や米国と協力、かつての軍事政権などはこの流れにあります。

一方韓国で民主化を推進してきたのは左派勢力で、ここは日本と結びついてきた軍事政権を激しく罵ってきたわけです、このような左派勢力が反軍事政権、反日と結びついた構図です。この基本的な二つの勢力の争いの構図に中国やロシア、北朝鮮との関係などが複雑に絡み合うわけです。

韓国ではこの勢力があまりに激しい争いを繰り返すために、現職の大統領が退位すると次の権力側に逮捕されて収監されてしまうケースが相次いでいます。この右派と左派の勢力の争いの相克が続いているわけです。

最近の左派勢力の典型は盧武鉉（ノムヒョン）大統領でしたが、彼は文大統領の盟友であり大統領退位後、自殺に追い込まれました。かように韓国の政界はきわめて激しい争いを繰り返しているわけで、彼の流れを引く文大統領が権力を持ったため、もっとも左派的な政権が権力を握ったことが反日という問題を激化させ、日本との問題を生じさせているわけです。

ＧＳＯＭＩＡ破棄の衝撃

8月22日、文在寅政権は日韓の軍事情報包括保護協定（ＧＳＯＭＩＡ）を破棄しました。この報道は驚きを持って日本でも大々的に伝えられました。日韓がどろ沼の対立関係に陥っていますが、安全保障の問題は国の根幹に関わる問題ですし、特にこのＧＳＯＭＩＡ破棄の可能性が伝えられて以来、米国政府も危機感を覚えたようで、懸命に韓国を説得していたわけです。日米韓の軍事的連携は北朝鮮や中国、ロシアの脅威に対して対抗するため極めて重要です。米国はこの重要性を韓国に念を押し、ＧＳＯＭＩＡ破棄というとんでもない決断をしないように、説得や圧力をかけていたわけです。米国は7月下旬にボルトン大統領補佐官、8月に入ってエスパー国防長官と安全保障に関する米国の最高位の高官が相次いで韓国を訪問、ポンペオ国務長官もバンコクで韓国の康京和（カンギョンファ）外相と会談しています。

もちろん会談の目的は韓国にGSOMIA破棄という馬鹿げた決断をさせないために米国側は交渉し続けていたわけです。この米国の強い意向を文在寅政権はあろうことか無視したのです。文在寅政権は一方的にGSOMIA破棄を決めてしまいました。まさかと思われた決断です。

この決定に対してポンペオ国務長官は「失望した」と表明、米国が同盟国に対してかような表現を使うのはきわめて異例なことです。米国防総省も声明を出し韓国の決定に〈強い懸念と失望〉を示したのです。実際、米国は〈失望〉どころか激しい強い〈怒り〉を感じているはずです。トランプ大統領の怒りは相当でしょう。

一連の流れも韓国内の勢力争いの中で、現在の文在寅政権、左派政権が政権を持っていることの結果です。日本からみると日米韓の結束は安全保障の重要な要であり、破棄することなど考えられないですが、韓国の左派勢力の考えは違います。言わばかような〈日米韓の結束〉という考え自体が〈冷戦時代の遺物〉であるということです。文在寅政権はGSOMIAを重要と感じていないのです。ないしは日米韓の連携は重要と感じていないのです。文在寅政権は北朝鮮との融和を目指し、中国やロシアなど近隣諸国と融和して、もちろん米国とも良好な関係を続けていきたいのでしょうが、要は日米韓として近隣諸国と敵対せず多国間での安全保障を進めるということを目標にしているわけです。日本の左寄りの野党が米国との同盟を破棄して中国やロシアなど近隣諸国とも仲良くして多国間主義を目指す、という現実を無視した一種の理想主義を唱えますが、現在の文在寅政権はそのような考えや方針を実行しようとしているわけです。

もちろん韓国の従来の右派勢力はかような危険な国家を破壊に導くような日米との連携を軽視する姿勢に深刻な危機感を抱いているわけです。左派の後ろには北朝鮮や中国、ロシアがいて、右派の後ろには日米が存在するわけです。ですからこの争いは現下の米中対立の激化を受けて、どうしても激しく峻烈になっていくしかありません。

問題は韓国において文在寅政権のような左派の力が強くなっていって、韓国全体が日米から離れ、中国やロシアに吸い寄せられていくことです。地図をみればわかりますが、北朝鮮という緩衝地帯はあるものの、韓国は中国やロシアと地続きです。米国の力が弱まれば、韓国はどうしても巨大な磁力に引っ張られるように中露に惹かれていくのです。

歴史的にみれば、中国の勃興が近隣諸国を巻き込んでいって中国の勢力圏がどんどん広がっていくのが実情です。ですから繰り返しになりますが、米国は韓国のような国に半導体の帰趨を握られ続けるわけにはいかないのです。

韓国を見捨てるためのアチソン・ライン〝復活〟か

そんな状況下、アメリカは韓国の現政権をあの手この手で揺さぶります。アメリカ側がメディア向けに言及、ないしはリークしているのがアチソン・ラインの〝復活〟についてです。

アチソンとは1945年にトルーマン大統領が日本に原爆を落としたときの国務次官で、日本ならば外務副大臣。冷戦初期のアメリカ外交政策を司り、トルーマンよりもトルーマン・ドクトリンに、ジョージ・マーシャルよりもマーシャル・プランに対して責任を負ったと評される人物でした。

そのアチソン主導で、戦後間もない時期に、共産陣営に対する防衛ラインを引いたわけです（135ページ図参照）。

アチソン・ラインはアリューシャン列島から宗谷海峡、日本海を経て、対馬海峡から台湾東部、フィリピンからグアムにいたる海上に設定されました。これがアメリカの対共産圏の防衛ラインで、「不後退防衛線」と呼ばれていました。

仮に共産国がアチソン・ラインを越えて東側に進出してくるなら、アメリカは軍事力を発動し、相手の進出を封じるわけです。想定敵国はもちろんソ連でした。当時のソ連は海洋進出に躍起になっていた時期だったのです。

しかしながら、アチソン・ラインには大変な欠陥がありました。自由主義陣営に属する韓国がアチソン・ラインより西側にあったことでした。そこでとんでもないことが起きました。アチソン・ラインを見た北朝鮮が、これならば朝鮮半島にアメリカは介入してこないと解釈し、韓国に攻め込んでしまったのでした。

１９５０年6月25日、北朝鮮の金日成（キムイルソン）は突如38度線を越えて南下、朝鮮戦争がぼっ発しました。北朝鮮はわずか３日でソウルを制圧、１カ月後は釜山（プサン）に迫ったのです。

そこでこれは非常事態だということで日本からマッカーサーが米軍を出して、大規模な戦いになったという歴史があるわけです。

そしてその後、アメリカが引き直したラインが図の点線のラインで、冷戦期における共産圏に対するアメリカの不後退防衛線になりました。決められたのは朝鮮戦争が起きて２日後のことでした。朝鮮半島の38度線ならびに台湾の西海上を防衛ライン内に入れたのです。いまは新アチソン・ラインと呼ばれているかどうかは不明ですが、このときに新しい

米国の「アチソンライン」

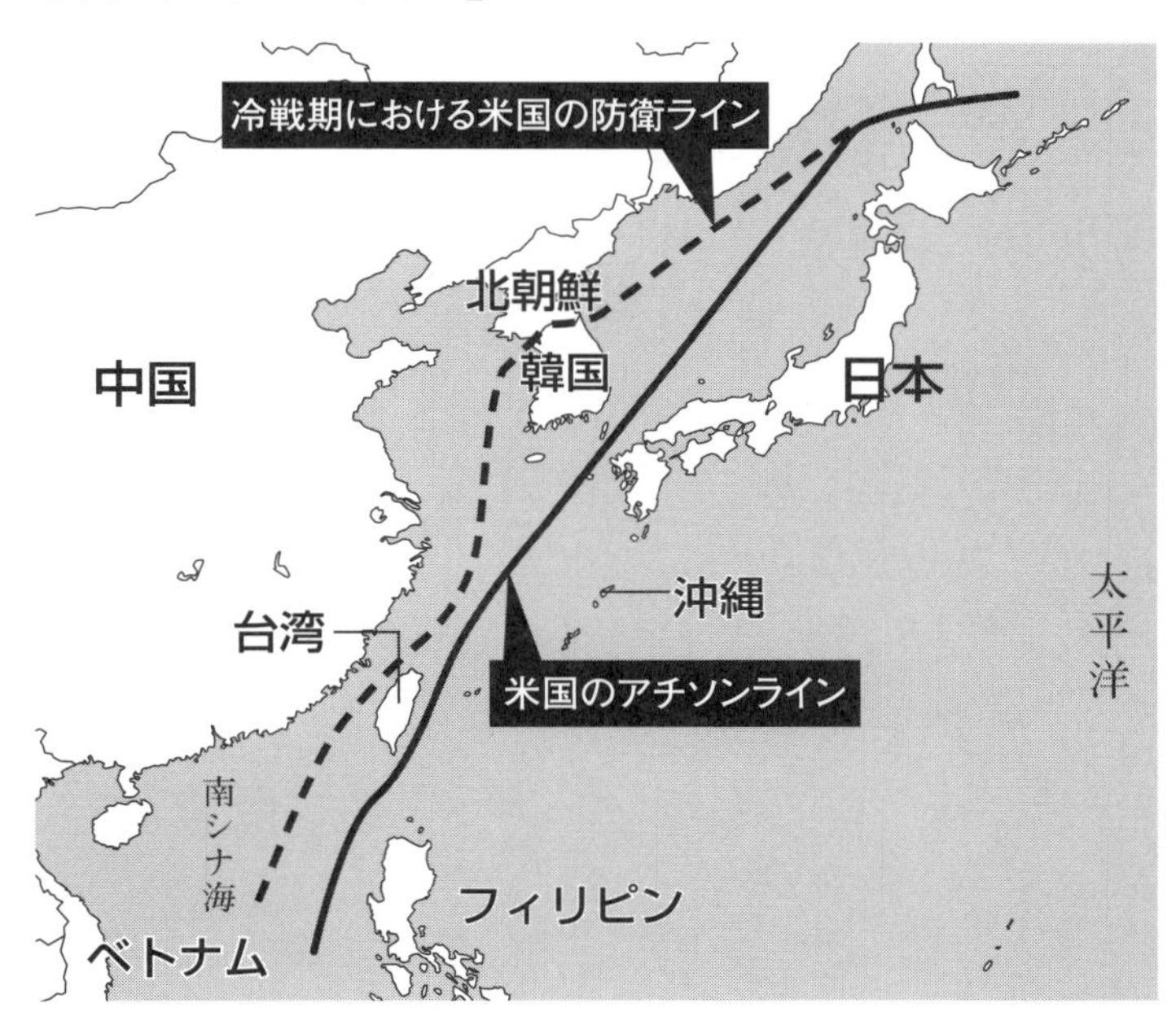

出所：Yahooニュース（2019年5月4日）

防衛ラインが生まれたのでした。

ところが、昨今の韓国の煮え切らない態度、ならびに北朝鮮との緊張緩和が進んできたことから、再びかつてのアチソン・ラインを復活させようという案が持ち上がってきているというのです。当然ながら、台湾については防衛ライン内に入れて守ります。

要するに防衛ラインをもっと東側に持ってきて、韓国を見捨てるということです。こんな案がアメリカ内部から出てきているということです。

独裁者が好きなトランプ大統領

これは優柔不断な文政権に揺さぶりをかけるという意味合いが強く、本当にアメリカが新方針を立てるかどうかは不明です。

しかしながら、朝鮮半島で分断された北朝鮮と韓国は常に中国、アメリカに蹂躙(じゅうりん)されるなか、世界の覇権争いの変化に沿って動いてしまうのは仕方のないことだと思います。北朝鮮も韓国も機を見るに敏におのれの外交バランスを絶えず取らなければならない。それこそがこの両国が生き抜く唯一の道ですから、やむを得ません。

ですからその観点で言うと、韓国はいま、中国と徹底的に争うことはできません。

しかも、ファーウェイの採用を他国もどんどん進めているのですから、いまはファーウェイに積極的に半導体を納入するのが得策という判断を下しているのでしょう。

このように中国やロシアとの関係、ならびにアメリカとの関係も巧みにバランスを取っていかなければならないのは、朝鮮半島という重要な要衝に位置する北朝鮮も同じです。

この北朝鮮がここにきて、かなり興味深い動きを見せているのです。

金正恩（キムジョンウン）朝鮮労働党委員長がトランプ大統領とかなり気が合っているのは、事実だと思うのです。気性的な問題はあるとはいえ、やっぱりトランプ大統領は独裁者が好きなのです。自分もそういうタイプだから、ということもあるでしょう。それから独裁者のほうが腹が座っているというか、決断力が備わっています。

韓国の文在寅大統領を見るにつけ、何かいつも優柔不断でどうにも頼りないわけです。左派政権にはそういう弱点がつきまとっているところがあるようです。

かつての日本も鳩山由紀夫首相が沖縄の米軍基地の問題で、沖縄県民にもアメリカにもいい顔をしたために問題をこじらせてしまった。オバマ大統領（当時）と会見して、「Trust me」などと言って、世界で笑いものにされてしまいましたが、どうも左派の政治家は本質的に優柔不断なところがあって、国を滅ぼしかねないところがあります。

北朝鮮にとって不幸だったのは、中国と韓国がくっついてしまったことです。１９９０年代後半に、北朝鮮の頭越しに中国と韓国が仲良くなり、国交回復をし、貿易を活発化させたことで、北朝鮮だけが取り残されてしまいました。

だから北朝鮮の立場からすれば、仕方なく生き残りのために核兵器を開発したということになります。

金正恩自身は若くてまだ30代ですし、しかもスイスで育っています。昔のことは話では知っているけれど、現実には何も知らないで北朝鮮に戻って来たのです。彼のアメリカに対する憧れの気持ちは大きいと思います。どうして自分の国はこんなことになってしまったのか。それは早い話、中国にくっついてきたからでした。

でもそれは地政学的にいかんともしがたかったわけです。中国と国境を接しているのですから。隣同士だから、中国と親しくせざるを得なかった。

急浮上してきたラソン経済特区へのアメリカ参入

北朝鮮からすれば、韓国が経済発展した理由は明白であり、日本側とアメリカ側に付いたからにほかなりません。北朝鮮は朝鮮戦争において韓国に攻め込み、占領寸前までいったのに、米軍に助けられた韓国のほうがうまくいってしまったではないか。北朝鮮側はそ

郵便はがき

料金受取人払郵便

牛込局承認

5559

差出有効期間
令和元年12月
7日まで
切手はいりません

162-8790

東京都新宿区矢来町114番地
神楽坂高橋ビル5F

株式会社ビジネス社

愛読者係 行

ご住所 〒 TEL: ( ) FAX: ( )		
フリガナ お名前	年齢	性別 男・女
ご職業	メールアドレスまたはFAX メールまたはFAXによる新刊案内をご希望の方は、ご記入下さい。	
お買い上げ日・書店名 年 月 日	市区 町村	書店

ご購読ありがとうございました。今後の出版企画の参考に
致したいと存じますので、ぜひご意見をお聞かせください。

書籍名

お買い求めの動機
1　書店で見て　2　新聞広告（紙名　　　　　　　　）
3　書評・新刊紹介（掲載紙名　　　　　　　　）
4　知人・同僚のすすめ　5　上司、先生のすすめ　6　その他

本書の装幀（カバー），デザインなどに関するご感想
1　洒落ていた　2　めだっていた　3　タイトルがよい
4　まあまあ　5　よくない　6　その他(　　　　　　　　)

本書の定価についてご意見をお聞かせください
1　高い　2　安い　3　手ごろ　4　その他(　　　　　　　　)

本書についてご意見をお聞かせください

どんな出版をご希望ですか（著者、テーマなど）

うした忸怩（じくじ）たる気持ちを抱いてきたはずです。

いまの北朝鮮の立場は、核兵器をなくしたら何もありません。核兵器を手放したら、世界のどこも相手にしてくれないから、核兵器だけは維持していくという絶対的な命題があるのです。しかも、アメリカ、中国、ロシアも含めてうまくやっていかねばならないわけです。

では北朝鮮はどうすればいいのでしょうか。

中国、ロシア、アメリカを競わせて、自分の立ち位置を引き上げていくためにはどうするか？

ここにきて大きな話題に上っているのが「ラソン（羅先）経済特区」（次ページ地図参照）なのです。北朝鮮の北東部に位置し、ロシアと中国の国境にあり、日本海に面しています。かつての日本の満州国にも近く、かつての日本軍はラソン港から満州へ向かっていたのです。要は日本から満州につながる要衝がラソンでした。

このラソン経済特区がトランプ・金正恩の会談で大きなテーマとなったと漏れ聞こえてきました。信じがたい話ではありますが、金正恩がトランプ大統領に「ラソンはどうか？」と打診したと言うのです。

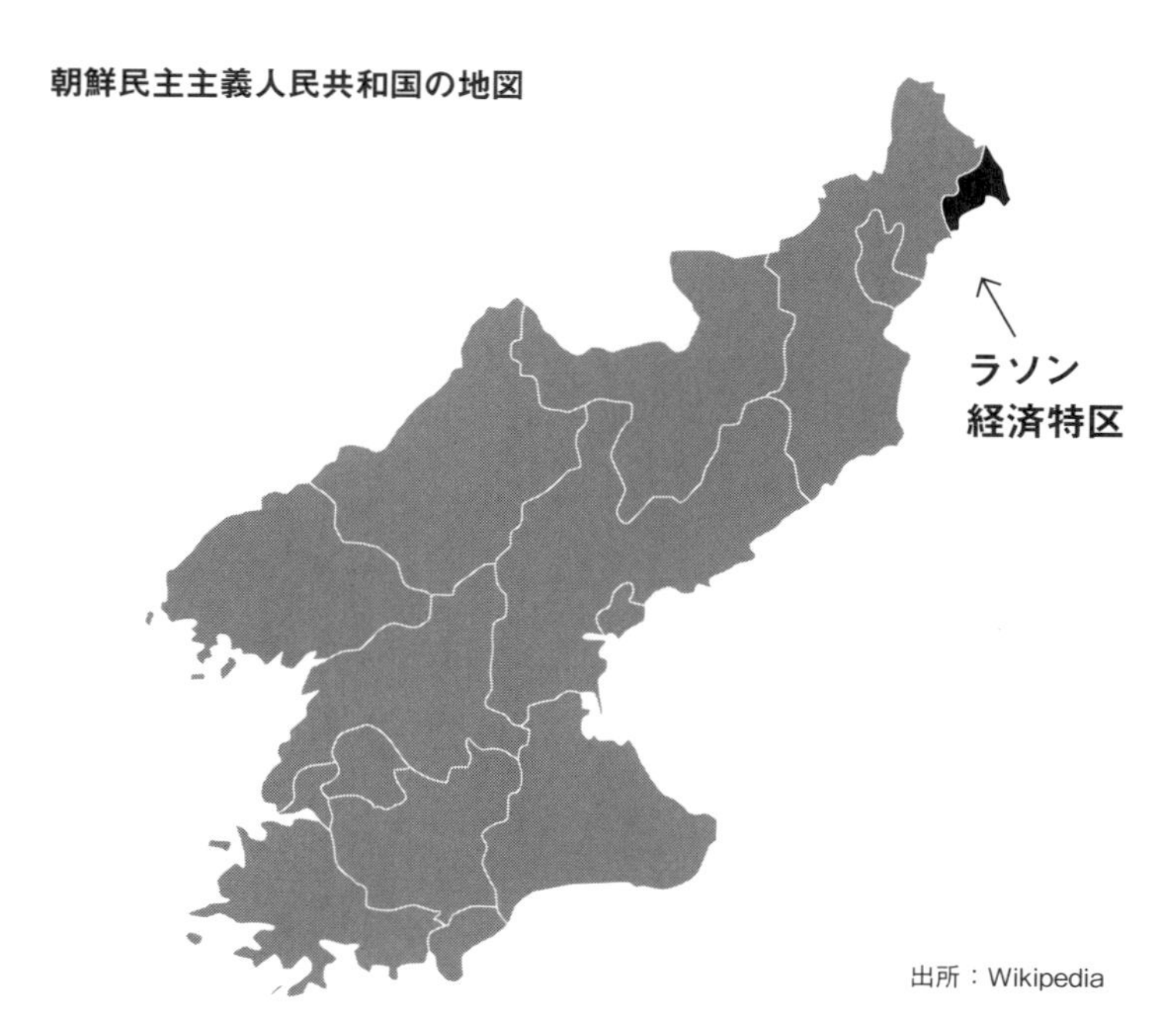

これまでラソンは経済特区として中国とロシアに開放してきたところで、中国資本が一斉に入ってきてあれこれやってみたのだけれど、中国企業との間でトラブル続きだったのです。北朝鮮側は、金がなく工場ワーカーの給料や家賃、ガソリン代を踏み倒したりして進出してきた中国の企業との契約を守れなかったわけです。

それでも北朝鮮が賢かったのは、ラソン経済特区を中国とロシア2国の国境に置いたことでした。中国のみに接する場所であれば、まず中国に徹底的にしゃぶられ尽くされ、そのうちに中国の軍港になるかもしれない。おそらく内心かような危惧を抱いた。中国が勝手なことはできないように、北朝鮮はロシアとも接する国境にラソン経済特区をつくったわけです。

こう立ち回らなければ北朝鮮は生きられません。だからロシアと中国の真ん中を経済特区にして、四苦八苦しながらなんとか運営し続けている。そんなとき、ここにアメリカを入れたらどうか、という話が米朝間で進められているらしい。そんな話が漏れ伝わったのです。その可能性は相当強いと思います。

これはかなり魅力的な投資となるはずなのです、アメリカにとっては。地図を見てください。ラソンは絶好の場所です。要は、中国に近づきすぎては中国に何をされるかわからずリスクが大きすぎるけれど、ラソンはロシアと中国の国境、そして日本をのぞむ日本海に面しているのです。ここを拠点に、この港をアメリカが抑えればいいのです。そうすれば、将来起こるであろう北朝鮮の資源開発で生じる利益をアメリカが独占できます。金正恩もそれを切に願っているに違いありません。

北朝鮮に米軍基地構想？

でも、そうはいってもアメリカ側に懸念は残ります。

過去、外資企業が北朝鮮に乗り込んでいって、ケソン工業団地とか金剛山などを開発したのですが、突然北朝鮮側の政策が変わってしまい、閉鎖とか資産没収とかで外資企業は辛酸を舐めてきた過去があります。

そこをどう担保するのだという問題がアメリカ側にはあります。アメリカ企業がラソンに入りました。どんどん発展しました。しかし、北朝鮮の政策変更によりすべて接収されない保証はどこにもありません。じゃあどうするのだ、ということです。

そこで仰天の話が出てきたのです。米軍基地を北朝鮮につくるというのです。にわかには信じられないけれど、ラソンに進出するアメリカ企業は、軍事力を含めた何かしらのアメリカの担保が欲しい。そう考えること自体は不思議ではありません。

そこまで北朝鮮側がアメリカ側に肩入れするには、よほどの取引上の条件があるとは思いますが、そういう話が水面下で交わされているというのですね。私はあり得る話だと思いました。

金正恩はまだ若い。彼が治める北朝鮮は韓国に決定的に遅れているわけです。いまの状況のまま将来的に韓国とくっついたら、全部韓国に吸い取られてしまうのは確実です。西ドイツと東ドイツがそうだったように、経済的な格差がおそろしくあるのですから、普通の流れであれば、韓国に吸収されます。

もしそれを回避するためのウルトラCがあるとすれば、徹底的にアメリカ側に抱きつくしかない。これこそ金正恩が狙っていることでしょう。ですから金正恩は韓国の文在寅がいくら秋波を送っても相手にしようとしない。アメリカしか眼中にないのです。

北朝鮮が中国とこれまでどおりにやっていたのでは埋没するだけでしょう。中国なんかと付き合っていたら何もいいことなどありません。それがわかりきっているから金正恩はトランプに徹底的にすり寄っていくわけです。

かのように現在の朝鮮半島の情勢はきわめて複雑怪奇になってきています。韓国側は日米と距離を置きはじめています。一方で北朝鮮は米国に急接近しているワケです。

では金正恩はどう動けばいいのでしょうか。やはり、本当にアメリカに抱きついて、北朝鮮を開放してしまうというウルトラCを断行しないかぎり、北朝鮮は発展できません。

金正恩はドラスティックに、世界が予想だにしなかった北朝鮮の開放を真剣に模索しているのではないのでしょうか。私は数年後、金正恩とトランプ大統領がとんでもない合意をする可能性があると思います。

アメリカにとって、韓国はまったくあてにならない存在になり果ててしまいました。何度もふれてきましたが、いまの文政権を頼りにして何かアクションを起こすようなことはできません。ことによれば、中国に筒抜けになることもあり得ますし、韓国はそこまで落ちぶれたと見るべきでしょう。ですから韓国経済はつぶして、その代わりに北朝鮮を仲間に入れるのです。アメリカが北朝鮮を囲い込む可能性はあると思います。

シンガポールで開かれた初の米朝会談の後、トランプ大統領は金正恩について「私は恋に落ちた」と言ったけれど、それは本当だと思います。

たしかにアメリカの北朝鮮への進出には困難がつきまとい、実現に向けてさまざまなことが起きるのでしょう。なぜならこのエリア自体がこれまでの地政学的な歴史から見て、非常に重要であるからです。北朝鮮をめぐる情勢がどう動くかで、米中の覇権争いにも影響をもたらす。そうした視線で眺める必要があると思います。

第6章
一触即発のイラン情勢

87%まで高まっている日本の原油の中東依存度

今年6月、日本の首相として41年ぶりに安倍首相はイランを訪問しました。緊張するアメリカとイラン両国の関係改善を期待されてのイラン入りだったのですが、なんとその訪問の最中の6月13日、ホルムズ海峡で何者かにより日本のタンカーが攻撃されるという事件が発生しました。

安倍首相が最高指導者ハメネイ師と会談している間に起きた事件です。ホルムズ海峡という世界のエネルギー事情を左右する場所が舞台だけに、国連も事実の解明に乗り出しました。

それにしてもアメリカとイランの仲介という役回りはきわめて難しく、今回の安倍首相の訪問は「緊張緩和に役立った」というよりは、結果的には逆に、アメリカとイランの関係のさらなる悪化を招いてしまったようです。

この事件についてアメリカはイラン関与のかなりの証拠を握っているとされ、軍事機密という機密性を犠牲にしても、積極的に情報を開示してくると思われます。

今回起こった民間のタンカーへの攻撃は一切言い訳できる話ではありません。報道をみると、今回の事件ではイランの革命防衛隊の関与は明らかなようで、今後、時間の経過とともにイランが責任を追及され、追い詰められていくのは必至と思われます。

すでにホルムズ海峡の航行については支障が出ています。何しろ5月にサウジアラビアとＵＡＥ（アラブ首長国連邦）、ならびにノルウェーのタンカーが攻撃を受けて、今回は2回目の事件です。多くの船員も、命がけで原油を運びたいとは思わないでしょう。船長のなかにはホルムズ海峡方面への出航を断念するケースも出てきているようです。

海上保険料も昨年の20倍に急騰しています。安全性の低下と保険料の値上がりを受け、海運会社はホルムズ海峡近辺での積載を停止しているとのことです。日本の海運会社などは、こういった対応は迅速かもしれません。

厄介（やっかい）なのは日本のエネルギー事情です。ホルムズ海峡は年間３０００隻以上のタンカーが往来する急所です。ここが自由に航行できなくなればエネルギー供給が閉ざされ、世界経済はマヒ状態に陥ります。

日本は１９７０年代の2度にわたる石油危機を経て、エネルギー安全保障の観点から、中東地域への原油依存度を下げるよう努力してきました。かつて日本がエネルギー政策として原発の依存度を上げてきたのもこういう背景があったからです。

ところが、2011年に東日本大震災が発生、福島の原発事故によって日本のほとんどすべての原発が止まってしまったのです。やむなく火力発電で代替、現在では日本のエネルギーの8割が石油や石炭など化石燃料頼りとなっています。

結果、ホルムズ海峡への依存度は上昇するばかりとなりました。第一次石油ショック時の1973年に76%だった原油の中東依存度は、2017年には87%に高まっています。ホルムズ海峡が封鎖されれば、日本は必然的に甚大な影響を受けるわけです。こうしたエネルギーの中東依存は、アジア諸国や中国においても日本と似たり寄ったりの状況です。

以上のように、ホルムズ海峡はアジア地域、世界経済の生命線となっているのです。イランは、「ホルムズ海峡封鎖」という圧倒的な切り札を持っているわけですが、一度でもそのカードを切れば、世界中を敵に回すこととなります。

しかし、ここまでの経緯をみれば、追い詰められたイランがホルムズ海峡の航行に支障をきたすような仕掛けを秘密裏に行ってきたことが想像されます。

イランは表立って「ホルムズ海峡を封鎖する」とは言えませんが、誰の仕業かわからないような巧妙な仕掛けで、ホルムズ海峡の〝実質的〟な封鎖を目論んでいた可能性があると思われます。

中東の安定に気遣う必要がなくなった石油大国アメリカ

アメリカが公開したビデオ映像についてトランプ大統領は「タンカー攻撃は明らかにイランの仕業。イランは証拠を残したくなかったのだ」として、革命防衛隊が暗闇にまぎれて不発弾を回収したと述べていますが、映像を見るかぎり、その可能性が高いでしょう。経済制裁によって徹底的に追い詰められ、暴発したイランが、ホルムズ海峡封鎖という最後の手段を実行した可能性は十分考えられるわけです。

トランプ政権はそのイランに対し、強気で対応してきました。「イランとの決定的な対立」という、世界中を大混乱に陥らせる重大リスクを犯しても強気に出るのは、自らに勝算があるからでしょう。

近年、アメリカが世界一の原油生産国になったことが、対イラン強硬政策の後押しとなっているはずです。

今年3月、国際エネルギー機関（ＩＥＡ）が出した報告書によると、アメリカの原油輸出量は２０２４年までに１日あたり８９３万バーレルと、現在に比べて倍増するということです。これは現在１日あたり９５２万バーレルを輸出するサウジアラビアに匹敵する量です。

つまり、アメリカは昨年の時点で、世界最大の原油生産国になったのです。もはや、中東の安定に気遣う必要などさらさらないのです。

かつては世界最大の原油消費国であるアメリカは、自らの原油確保やエネルギー安全保障の観点から中東に深く関与する必要がありました。当時のアメリカは、中東の混乱やホルムズ海峡危機は許容できなかったのです。

ところが、原油を自前で用意でき、輸出までできる体制となったいまは、思ったような外交政策を遂行することができるわけです。

ホルムズ海峡が封鎖されれば、日本や中国、インドなどアジア諸国はパニックとなりますが、アメリカは基本的に大丈夫です。むしろ、原油を戦略物資として利用することもできるのです。

首脳会談をセレモニーからディールの場に変えたトランプ政権

また、トランプ政権はオバマ政権時の弱腰な外交政策をすべて否定、強いアメリカの実現とアメリカ第一主義を貫いています。その外交方針は、「基本的原則では決して妥協せず、対立も恐れない。しかし、交渉はいつでも続けていく」という姿勢です。

面白いことですが、トランプ政権は北朝鮮と対話し、中国とも激しく対立していながらG20での首脳会談を継続的に呼びかけています。さらにトランプ大統領は、イランとの交渉においても、「イランの指導者と会えるのを楽しみにしている」と語っています。

いわば、「交渉しながら相手を封じ込めていく」というのがトランプ政権の基本的なスタイルといえます。トランプ政権はどんなときでも決して交渉の窓を閉じませんが、強気で妥協しません。この、トランプ政権の交渉スタイルが一定の成果を出してきたことは否定できません。

北朝鮮との交渉においても、一時、軍事衝突もありうるとみられた時点もあったわけですが、トランプ大統領は一転して金正恩委員長との会談を行っています。

通常では〝格〟がまったく違うアメリカのトップと北朝鮮のトップが会談することは容易には実現しないのに、それが2度も行われました。2度目はトランプ大統領が途中退席、会談は不調に終わったわけで、そういった結果も恐れないという姿勢です。

従来であれば、首脳会談は下から積み上げていくもので、会談自体は一種のセレモニー的なものになるのが普通です。トランプ政権はかような従来型のスタイルは取りません。そして、思うような成果が得られなければ会談の決裂もいとわないのです。しかし、その後も会談への窓は開く、というわけです。

この一種、いままでと違うスタイルが、少なくとも北朝鮮との会談ではいまのところ、緊張緩和に成功しています。

6月30日に大阪でのG20を終えたトランプ大統領は韓国に飛び、米韓首脳会談を行い、その足で朝鮮半島の軍事境界線上にある板門店で3度目の米朝首脳会談を実現させました。あとから考えてみれば、その3週間前にトランプ大統領は3度目の会談をほのめかすような言葉を発していたのです。

「金委員長から美しい書簡を受け取った。きわめて前向きなことが起こる」

トランプ大統領は基本原則を貫きながら交渉を続けることで、巧みに緊張緩和を成功させているのです。

アメリカと〝対決〟する姿勢を国内外に発信したハメネイ師

しかし、この手法がイランにも当てはまるかといえば、そうは言えないかもしれません。安倍首相を通じて交渉を呼びかけたトランプ大統領に対して、ハメネイ師は「アメリカとの交渉は毒。イランはトランプ氏を、メッセージを交換するに値する人物とみなしていない」と述べ、アメリカとの交渉を拒んだのです。

また安倍首相が「アメリカはイラン革命体制の転覆を望んでいない」と話すと、ハメネイ師は「それはウソだ！」と反発したとのことです。このハメネイ師の反発発言は本音でしょうし、アメリカが表向きの言動とは違って、イランの政権の転覆を目指していることは否定できません。

ハメネイ師のトランプ政権に対する強硬姿勢は、イランのメディアを通じても伝えられています。ハメネイ師やイランの保守派は、今回の会談を通してトランプ政権と真っ向から〝対決〟する姿勢をイラン国内や世界に伝えたかったようです。

一方、トランプ政権と北朝鮮との関係は一時的に緊張緩和状態となって、先行きは不透明です。中国との交渉に関しても、ファーウェイの問題を含めてアメリカ側が大きく妥協することはないでしょう。

しかしながら、トランプ政権が北朝鮮や中国と軍事的衝突にいたることはないでしょう。核兵器を持っている国とは戦争はできないのです。

ところがイランはまだ核兵器を保有していません。現時点で交渉決裂、ないしはイランがホルムズ海峡封鎖や核兵器開発に一歩でも踏み出せば、トランプ政権はそれを口実に軍事行動を起こす可能性が高いと思います。

むしろ、イスラエルやサウジアラビアはアメリカとイランとの軍事衝突を〝望んでいる〟と思われます。トランプ政権のような超タカ派が政権を握っているときでなければ、アメリカとイランとの軍事衝突は望めません。そして来年、アメリカでは大統領選挙があるわけですから、その結果いかんではトランプ政権が続く保証はありません。そう考えるとイスラエルやサウジアラビアは、大統領選前に戦端が開かれるのを望んでいるでしょう。そのための一つひとつの布石が、いま打たれているのです。

軍事行動を〝正当化〟したいアメリカ、サウジ、イスラエル

トランプ政権は現在のところ、「経済制裁を通じてイランを交渉の席へ引き戻すことが主たる戦略」と説明しています。

イランは通貨の急落でインフレが加速、年率40％のインフレとなり、経済成長はマイナス6％にまで落ち込むと試算されています。若者の失業率は2割を超え、国内に大きな不満が鬱積（うっせき）しているとみられています。

イランが苦しいことは事実でしょう。だから、水面下ではアメリカとの交渉も行うし、6月の安倍首相の訪問も受け入れたのでしょう。しかし、それでもイランがアメリカの要求を飲めるとは思えません。

そもそもアメリカ側の「イランを交渉の席に引き戻す」という態度は単なるポーズでしかなく、イランが交渉を拒否することを見越して、現在の強硬な政策を貫いているものと思われます。

ポンペオ国務長官は米外交問題評議会（ＣＦＲ）が発行する国際政治経済ジャーナル『フ

ォーリン・アフェアーズ』に「トランプ・ドクトリン」というレポートを寄稿し、なぜイラン制裁が必要か述べています。それによれば、「イランはならず者国家であり、中東地域に混乱を引き起こす大元である」というのです。

イランは最高指導者の直属の組織「イスラム革命防衛隊」を通じて活動資金をふんだんに使用、各国の武装組織に資金や武器を融通している、というわけです。具体的には、イエメンでサウジアラビアと戦っている「フーシ派」、パレスチナ自治区で反イスラエルの武装闘争を行っている「ハマス」、レバノンの「ヒズボラ」(ヒズボラ兵士の平均月収はイランの消防士の2〜3倍になるとされる)などへの支援です。

ポンペオ氏は「イランの政権以上にアウトロー的な気質を持つ国はない」としています。そして、「イランは1979年のイスラム革命で革命家集団が権力を奪取して以降、その体制は変わっていない。基本的に革命を〝輸出〟することを目指しており、革命防衛隊はその先兵隊として任務を遂行し続けている」というのです。

ポンペオ氏はイランの体制変革の必要性を長く主張してきています。そして同じくトランプ政権の柱である大統領補佐官のボルトン氏も「イラン問題の永続的な解決には、イランの体制変革が欠かせない」と述べてきました。

しかし、イランがトランプ政権の要求に屈することはないと思われ、最終的に軍事衝突に向かっていく道筋は免れないと感じます。

そして、イスラエルはこの千載一遇の〝好機〟を逃さないよう必死に策謀していると思います。

現在、トランプ政権は今回のタンカー攻撃事件をきっかけに、「イラン非難」の国際的世論形勢を目指しているようです。そして、その先にはアメリカ、イスラエル、サウジアラビアによるイランへの軍事行動を〝正当化〟しようとする道筋が敷かれていくように思います。

日本はホルムズ海峡有志連合に参加するのか？

次第に危機が高まりつつあるイラン情勢について、トランプ大統領はツイッターにこう書いています。

「中国は原油の91％、日本は62％、他の多くの国も同様にホルムズ海峡から輸入している。なぜわれわれが他国のために無償で航路を守っているのか。これらの国は危険な旅をしている自国の船を自ら守るべきだ。アメリカは世界で最大のエネルギー生産国となった。われわれはそこにいる必要すらない！」

これはトランプ大統領の偽らざる本音ですね。

先に述べたとおり、いまのアメリカはシェールオイルが順調に出るし、技術革新により生産コストも年々低下しています。ですから、2019年現在では、採算ラインは1バーレル50ドル以下にまで下がってきています。ですから、本当にホルムズ海峡にいる必要はありません。

アメリカはホルムズ海峡の安全確保のため有志連合「センチネル（見張り兵）作戦」に参加する国を呼びかけているのですが、8月下旬時点で呼応したのはイギリス、バーレン、オーストラリアのみという状況です。

中国は参加をはっきりと拒否しました。これは現在の米中関係を考えれば当然でしょう。とすると、あとはアジアのなかではホルムズ海峡依存度の高い、しかも同盟国である日本くらいしかありません。

日本は憲法の問題もあるし、イランとの関係が良好なことから、慎重にならざるを得ません。仮にイラクのときのように無理やり参加して、アメリカと一緒に自衛隊艦艇を出せば、そこを狙われるわけですから、痛しかゆしです。ただアメリカに付き合わないわけに

ホルムズ海峡依存度（日量・万バーレル）

国名	原油輸入量	ホルムズ海峡	海峡依存度
日本	307	265	86%
韓国	307	227	74%
インド	457	285	62%
中国	918	334	36%
イタリア	132	48	36%
フランス	108	26	24%
アメリカ	850	157	18%
ドイツ	173	11	6%
イギリス	100	2	2%

（河野太郎外相ブログより）

はいかないので、これからどういう形で話をまとめるのかが安倍政権にとっての難題だと思います。

トランプ大統領は先の大阪G20の記者会見の後、ここまで踏み込んだ発言をしていました。

「もし日本が攻撃されれば、アメリカは第3次世界大戦を戦う。アメリカは私たちの命と財産をかけて、日本人を助けるために戦闘に参加する。しかし、もしアメリカが攻撃されても日本は私たちを助ける必要はまったくない。日本人はアメリカへの攻撃をソニー製のテレビで視ることができる。これが小さな違いか。どうか？」

これはまったくそのとおりだと思いますね。これは日米でやっぱり大きな違いがあることは認めざるを得ません。

こちらは命と財産をかけて戦うのにオタクは何もしないのか?

「トランプ大統領に初めて会ったときから、日米安全保障条約について不満を漏らしていた」

そう述懐する安倍首相は、8月上旬、来日したマーク・エスパー国防長官にこう語っています。

「日本関係船舶の航行の安全を確保するため、どのような対応が効果的なのか。アメリカやイランとの関係などの諸点を踏まえ、さまざまな角度から検討を行い、総合的に判断する」

日本がホルムズ海峡有志連合への参加に躊躇する安倍首相にトランプ大統領はこうけしかけたと聞きます。

「日本は武士の国だろう、その精神はどこへ行ってしまったのだ」

これは「日米安保タダ乗り」に対する批判とも受け取れます。7月末に来日したボルトン大統領補佐官(国家安全保障担当)は谷内正太郎国家安全保障局長らと会談した際に、在日米軍駐留経費の日本側負担について、従来の5倍を要求したとの話も伝わってきています。これも同盟のコストをアメリカばかりが負担しているのは不公平だと訴えるトランプ大統領の意向に違いありません。

アメリカと同盟国である以上、それなりの体制を整えなければならない。そこで安倍首相は憲法改正を急ぎたいわけです。

日本の世論も含めてどうなるかわからないけれど、「こちらは命と財産をかけて戦うのにオタクは何もしないのか?」とするトランプ大統領の問いかけは重い。今後必ずこの問題はクローズアップされてくるので、日本はこれに関してはっきり答える体制をつくっておかねばなりません。今後、アメリカは同盟国としての負担を担えと、どんどん圧力をかけてくるのは必至です。

対する日本はまずは憲法改正から入っていくのでしょうが、各アンケートを見ても国民の関心はまったく高まっていないので、どこまでいけるかは見通せません。ただ、流れとしてはそうなっていくのでしょう。

ますます袋小路に入って緊張だけが高まるホルムズ海峡

繰り返しますが、ペンス副大統領の発言が本当のアメリカの政策なのです。ペンス副大統領がアメリカのエスタブリッシュメントの考えを代表して語っているわけです。

ではイランに関してペンス副大統領はどう論じているのでしょうか。

「イランはアメリカの自制を決断の欠如と勘違いするべきではない。トランプ大統領はイランが核兵器を取得することを決して容認しない」

これはそっくりそのままアメリカの意思と捉えていいと思います。

アメリカはイランが核兵器を保有することは絶対に容認しないから、このまま状況が進むならば、いずれ軍事衝突が起きる、戦闘状態となる可能性はかなり高いのではないでしょうか。同盟国のイスラエルもイランの行動を許さないでしょう。

イランは2015年の核合意で3・67%以下と定められていたウラン濃縮度の上限を無視したウラン濃縮に着手しています。ただし、濃縮度を引き上げてもすぐに核兵器を製造できるわけではありません。核兵器に使う高濃縮ウランの濃縮度は90%以上なのです。

イラン情報しだいでは急騰も

WTI先物期近　週足2018/04/09～2019/08/19

イランの最高指導者であるハメネイ師は、「核兵器の製造も保有も使用もしないし、その意図もない。われわれの唯一の目的は平和目的の原子力利用である」との主張を繰り返しています。

けれども、トランプ大統領は「信用できない。イランにいかなるレベルのウラン濃縮も認めてはならない」と非難を強めていることから、イラン情勢からは目を離せないという状況が続きます。

いまはイランとアメリカはまったく噛み合わないまま、ホルムズ海峡の緊張だけが高まっているわけです。

ご承知のように、すでにホルムズ海峡でイギリスのタンカーなどが拿捕されており、展開次第では、イラン側がホルムズ海峡の封鎖に動く可能性も否定できず、不確定要素にあふれているのです。

おそらくこの問題が緩和するあてはなくて、ますます袋小路に入っていき、一触即発の軍事衝突に近づいていくのではないかと思います。

第7章

進行する円高とその背景を読む

それでも緩慢になったドル円相場の動き

ここにいたっても、世界的な危機や不透明感が広がると、どうしても市場は〝リスクオフ〟傾向となって、円が買われる構図は相変わらずです。

国が海外に保有している資産から負債を除いた日本の対外純資産は2018年末時点で341兆5560億円と28年連続で世界一です。相場は「危機ともなればこの対外資産を日本に還流させる、ないしは還流させるだろう」という思惑の下に動きますから、円相場が激しく買われてしまいます。2011年の東日本大震災のとき、円が大きく買われたのは記憶に新しいところです。

とはいえ、現実の円相場の動きはここ数年、きわめて緩慢になっていました。以前と比べて、大きな危機や事件が起こっても、円高に大きく振れることが少なくなったのです。歴史的に小幅な範囲で動くだけでした。

たとえば、2018年度のドル円相場の値幅は9円68銭と10円に届かず、過去最小でした。それも特殊要因があって過去最小なのです。

最近で為替が異常に動いたのは、今年の年初のことでした。しかもそれは1月3日というマーケットが開いていない時間帯のことです。このときはコンピューター取引によるヘッジファンドの仕掛け的な動きが生じて、ドル円相場が一気に104円台まで下がるという異常事態が発生したのです。仮にこれがなければ、2018年度のドル円相場の値幅は5円程度という、かつてない事態になっていました。

こう振り返ってみると、あらためて最近はドル円相場の動きが少ないということが再確認できるのではないでしょうか。では、なぜ、このようにドル円相場は動かなくなってしまったのでしょうか？

10年単位で見てみましょう。平成の30年という時代は総じて円高が続いた時代でした。75円までの円高になったときもあったわけですが（2011年8月19日、一時1ドル＝75円95銭）、この平成の30年間を10年単位で分けて、その「平均値幅」の流れを直近まで追ってみるとこんな具合になります。

1989～1998年↓約24円
1999～2008年↓約18円

2009~2018年↓約15円

ちなみに平成以前、昭和時代の末期1985年にドル円相場は260円、それがプラザ合意によって1988年には120円までの円高となったのです。まさに昭和の時代は動きのダイナミックさも違いました。そして直近の2018年度という単位で過去1年だけを振り返れば、特殊要因がなければ値幅は約5円です。

明らかに傾向として時代の経過とともにドル円相場の動きが緩慢になってきていることがわかります。

物価が上がらず金利は下がり続ける日米欧

動きが緩慢になっている一つの原因は、欧米においても日本のように物価上昇率が鈍ってきたことが挙げられます。日米欧など先進国はどの国もかつてのような高成長は望めません。どの国も経済の実力である「潜在的成長力」が落ちているわけです。

潜在的成長力が低下してきているということは、経済を引き上げる真の力が低下してい

ユーロ円もユーロ安円高基調が鮮明に

EUR/JPY CS　週足2018/04/09〜2019/08/19

るということです。これは「ジャパニフィケーション（日本化）」と言われていますが、欧米諸国でも成長率の恒常的な低下が起きていて、物価がかつてのように上がりにくくなっているわけです。

日米の消費者物価の上昇率の差は、1990年の時点では3%近くあったのですが、現在では1%台に縮まっています。現実にFRBがもっとも重視している物価指標PCE物価指数（個人消費支出価格指数）の上昇率をみると、9カ月連続で2%に届いていません。7月は1・4%上昇（前年同月比）と、日本の7月の消費者物価上昇率0・6%と大きく変わりません。

ちなみにユーロ圏ですが、8月の消費者

物価上昇率は1・0％上昇（前年同月比）でした。アメリカ、欧州とも物価があまり上がらなくなってきているのです。円、ドル、ユーロなどの購買力は以前ほど変わらないので、当然ながら、為替も動きづらくなってきたというわけです。

また、物価が上がらなければ金利も上がらないわけで、アメリカの長期金利もここに来て急速に低下傾向を見せています。それでもアメリカの長期金利は日本のゼロ以下と違って1・5％もあるではないか、と言われるかもしれません。

しかし、そもそもアメリカの長期金利は2000年に5％近くあったのですから、当時と比べればアメリカも圧倒的に金利が上がりづらくなっていることがわかります。ちなみにドイツの長期金利はマイナス0・72％と、日本よりマイナス幅が大きくなってしまいました。

劇的に変わった日本の経常収支の中身

さらにもう一つ、見逃せない大きな変化があります。それは日本の経済収支の〝構造的〟な変化です。

経済収支はおおむね貿易収支と所得収支の合計となります。日本は貿易で稼いでいるのか（貿易収支）、海外に投資した資産からの配当や利子などで稼いでいるのか（所得収支）を見てみると、かつては貿易収支が大幅な黒字だったものが、最近は所得収支が大幅な黒字となっています。

所得収支で大きく稼ぐというのはある意味、「金持ち国になって、その上がりで収入を得ている」ということでもあり、国の経済に構造変化が起きていることがわかるのです。日本の場合、貿易収支の黒字が減って所得収支の黒字が拡大する流れがあまりにも顕著なので、それが為替相場の動きに大きく影響していると考えられます。

では具体的に2000年以降の貿易収支と所得収支の変化を追ってみましょう。まず2004年のケースです。

・**貿易収支**↓14・4兆円の黒字
・**所得収支**↓9・5兆円の黒字

この時点では貿易収支の黒字が際立っています。それが2008年になると、

・**貿易収支**↓5・8兆円の黒字
・**所得収支**↓13・0兆円の黒字

貿易収支が大きく減少するなかで、所得収支が着実に伸長しているのがわかります。さらに直近の2018年を見ると、

・**貿易収支↓**1・2兆円の黒字
・**所得収支↓**18・8兆円の黒字

2004年の14・4兆円の黒字にくらべて貿易収支は9割以上の減少となりました。ところが、所得収支は2004年の9・5兆円に比べて大きく伸び、倍化しているわけです。

かように、日本の経常収支そのものは大きく変わりませんが、その中身である貿易収支と所得収支の内容は〝劇的〟に変化してきているわけです。これが為替の動きに影響を与えないわけがありません。

緊急に円に替える必要がない所得収支資金

貿易収支と所得収支の資金の性格からお金の流れを想像するとわかりやすいので、まずは貿易で稼いだ資金の性質を考察してみましょう。

貿易をするためには製品をつくって輸出します。日本で製品をつくるには経費もかかり

ますし、日本国内の従業員を使いますからその賃金を支払う必要もありますし、株主など投資家に配当も支払う必要もあるでしょう。

これらは当然、ほとんどすべて円で〝決済〟しなければなりません。貿易で稼いだ資金はそのほとんどを円に替えて、さまざまなところに経費や賃金などとして支払う必要があります。基本的に貿易で稼いだ外貨（ドル）は円に替える必要が生じてくるわけです。

ところが、所得収支で稼いだ資金は性格が違います。すぐに円に替える必要性がないのです。

所得収支は、過去の海外への投資に対する対価として受け取るものだからです。受け取った資金は海外に再投資してもいいし、そのまま海外にドルのままプールしておいても構いません。

もちろん、日本の本社や投資家に還元させる部分もあるでしょうが、貿易で稼いだ資金のように、経費や支払いなど、緊急に円に替える必要性はありません。

かように見ていくと、経常収支の「大きさ」は変わらなくても、貿易収支で稼いだ資金と所得収支で稼いだ資金では、その「用途」がまったく違うわけです。貿易収支で稼げば、円の速やかな需要が生じてきますが、所得収支で稼いだ資金は円に替えるべき緊急性はないのですから。

かつて貿易収支で稼いでいた時代は円高傾向が顕著だったわけですが、現在のように所得収支で稼ぐ時代になると、円高傾向が和らいできたことも頷けるわけです。

このように世界的な低成長への変化と日本の経常収支の中身の構造的な変化が、ドル円相場の動きを緩慢にさせてきた大きな原因と考えられます。

量的緩和政策で完全に行き詰まった日銀

それでは今後、基本的にドル円相場はかつてのように動かず、ボックス相場的になるのかといえば、それも違うでしょう。ドル円相場は、中長期的に見ればドル高円安傾向になるのは避けようもないと思われるからです。

日本の国家の借金は2019年3月末時点で1103兆3543億円で、前年比5兆4144億円増でした。今後、少子高齢化は進み、団塊の世代は2025年には75歳に達します。社会保障費は増え続け、働く現役世代は減り続け、やがて日本の個人金融資産で国の借金が賄えない日は確実にやってきます。

最終的にはインフレ以外でこの膨大な日本の借金の問題を解決することは不可能です。ですから、いずれどこかの時点で「円安とインフレ」が襲ってくるでしょう。

現在はそのような流れに向かう、一つのステップが生じてくる段階のように感じています。それは、さらに日本の国家財政が〝悪化〟していくプロセスにほかなりません。

今回の円高は、外部環境を見れば当然の動きでもあるでしょう。もちろんかつてのように激しい円高になる傾向はここまで書いてきたように変化してきて、円高傾向は緩やかな動きでしょうが、それでも円高は困ります。

そして何よりも、日本当局に円高を止める手立てがないことが大問題です。アベノミクスで日銀は異次元緩和を断行、円安誘導に成功しました。ところが、購入してきた日本国債は日銀が買いすぎて干上がってしまい、現在、市場には日銀が購入すべき国債はありません。

いきおい日銀はかつての「年間80兆円日本国債購入枠」を放棄、その半分すら購入できない状態に陥っています。要するに、日銀の量的緩和政策は完全に行き詰まり、政策を続けていくことが〝不可能〟となっているわけです。

当面は円高警戒

かように日銀が動けません。それとは逆に世界を見渡すと金融政策のオンパレードです。米国の9月の利下げは必至という状況、さらに米国に追随して世界各国が利下げをしてくる状況ではどうしても金利差縮小ということで円に買い圧力がかかってしまいます。

世界を見渡しても現在の日本ほど政情が安定している国はありません。また安全資産としての円やスイスフランが投資家の頭に完全にこびりついています。何かがあれば円を購入しておく、という投資スタイルが身についてしまっているわけです。特に昨今はＡＩによるコンピューター投資が盛んですから、相場が一方方向に動くことを止められません。

当面市場の関心事は米中の貿易戦争の行方であり、米国の利下げから世界の利下げ傾向は続いていくという見方が一般的ななかでは折に触れての円相場の上昇リスクは続きます。当面の間この流れから逃れることはできそうもありません。先に書いたように中長期的には円安でしょうが、目先は円高傾向が免れないように感じます。

10月の消費税引き上げも景気悪化、デフレ再燃危機ということで円高要因となりそうです。景気動向をみると米国はともかく中国や新興国を中心として景気悪化傾向が顕著です。その中では利下げを行うとともに財政を拡大させて景気悪化を防ぐという政策も各所で取られそうな様相です。

健全財政を死守することで有名だったドイツでさえも、ここに来て財政拡大の話が浮かび上がってきました。トランプ大統領率いる米国でも来年は大統領選挙が控えていますから、景気に対しては拡張的な財政政策を打ち出してくるでしょう。またトランプ大統領は減税を行う可能性もあります。

日本の消費税引き上げは、かような世界の潮流に逆行、いかにもタイミングが悪い時期に実施されることとなります。消費税を引き上げても金利を下げることができるとか、金融当局である日銀が打つ手があればいいのですが、金融政策の手詰まりも明らかです。となると、どうしても日本の政策的な行き詰まりがヘッジファンドなど世界の投資家に見えるわけです。

これが日本は円高にしやすいということで、為替市場において折に触れて円高への仕掛けが起きてくる可能性があるわけです。当面は円高注意、そしてその嵐が去って円安への警戒が忘れられたころから日本における激しい円安の波が到来すると思います。

元相場に注意

リーマンショックに次ぐ衝撃が世界に走るとすれば、今回の場合は中国経済の崩壊から来る世界の大混乱です。具体的に注意すべきは中国における金融危機の発生です。かねてから中国の不動産バブルの崩壊や、中国の膨大に膨らんだ官民の借金の問題があります。習主席が「灰色のサイ」と言ってもっとも警戒しているものですが、かような中国経済の内部から崩れる破壊的なショックが起こらないとは言えません。

私は講演会では常にこの危険性については、一応の警戒をしておくようにとアドバイスしています。中国の場合は本当のことを報道しませんから、ことの推移の状況を図ることができません。危機には必ず前兆があります。

例えば金融危機で言えば、リーマンショックの前はパリバショックと言って2007年8月BNPパリバ傘下のファンドが投資家からの解約を凍結するという問題が起きました。サブプライムローンを絡めた証券金融商品が原因でした。

翌2008年3月は米銀大手ベアー・スターンズが同じ問題で破綻に追い込まれました。

ドル／人民元チャート　日足2019/05/16～2019/08/27

そして9月のリーマンショックが起こったのです。かように世界を震撼させるような大事件は一気に襲来するというより、その発生を示唆するような大きな前兆があるものです。

では中国経済崩壊の前兆はどこに見ればいいでしょうか？　ズバリ、中国の元相場のコントロールの効かない下落への動きです。元相場が止めどもなく下がっていって、中国からあらゆる資金が逃げ出し始めたら、どうしようもないわけです。ですから元相場の動きは、中国の実情を図る上で常に注視する必要があります。

ここまで元相場はドルに対してじわじわ下げ基調でしたが、7月までは一応1ドル7元というラインが強烈でこのラインを割れてく

ると は思われていませんでした。7元に特別な意味があるわけではないですが、象徴的な意味合いで中国当局がこの〈7元というラインは死守するはず〉と考えられていたわけです。

ところが8月トランプ大統領が中国に対しての〈制裁関税第4弾〉を発動するとの報を受けて元相場が一気に7元突破となったわけです。当然、為替市場は緊張が走りました。この7元突破を受けて米国政府は即座に中国を〈為替操作国〉と指定、中国は激しく反発しました。

問題はこの7元突破で元相場が中国政府のコントロール下にあるかどうか、ということでした。結論的にはここまでの展開は中国当局の意図したところで深刻な問題には至らないと考えられます。対中関税第4弾の発令を受けて、景気悪化を阻止するため中国当局はやむなく為替の許容水準を引き下げたものと思われます。

米国が中国を〈為替操作国〉と認定したわけですが、現実には中国は元相場の大幅な下落を恐れてきました。2015年中国は突如元相場を切り下げたわけですが、その後中国から資本逃避が止まらなくなって中国当局はこれを阻止するためにドル売り元買いの為替介入を繰り返して元の暴落を食い止めました。そのとき使ったドルの外貨準備が100兆円近くに達していたのです。

かように元安政策は劇薬です。投資家は元相場が下落し続けると考えれば、中国から資金を逃すように持っていくでしょうし、世界中で元で資産を有している投資家も値下がりする元の資産を売却して違う資産を持ちたいと思うことでしょう。それが元相場のスパイラル的な下落を引き起こし、ついには中国国内から資金流出が止まらなくなって不動産バブルはじめ、中国のバブルが崩壊するという悪夢が到来するというわけです。

中国当局がもっとも恐れているのがこのような負の連鎖です。ですから中国当局は元相場の維持のために為替介入してきました、ドルを売って元を購入するという、元相場を押し上げるための為替介入を行ってきたわけです。それが元相場の7元への動きを封印してきたわけです。

ところが今回の米国による〈制裁関税第4弾〉の発令から、元相場のある程度の下落はやむを得ないと判断したようです。こうして中国当局は元相場の水準を実質引き下げる決断をしたようです。ですから中国当局は為替介入をやめたので自然な流れで元が安くなってきたわけで、これは中国当局が為替介入を放棄した結果としての元安です。そのことを、逆に米国から〈為替操作国〉と言われてしまっています。かように中国からみると、為替操作をやめた瞬間、〈為替操作国に認定〉されるという、きわめてねじれた展開となっていています。

　しかしながら救いは現在の元の水準が中国当局のコントロール下にあるということです。コントロールできていない元安になってくると大問題ですが、現状中国経済は危ういものの、とりあえず何とかなっているということでしょう。引き続き元相場の推移は注視し続ける必要があります。

ドル、債券、金、株の行方

苦悩するＦＲＢ

「パウエルは何もわかっていない、長短金利の逆転は馬鹿げている。われわれにとっての問題は中国ではなくＦＲＢだ！」

長短金利の逆転で株価が急落、トランプ大統領はＦＲＢへ怒りをぶつけます。トランプ大統領のＦＲＢに対する口撃は激しさを増す一方です。パウエル議長は7月末10年半ぶりの利下げを断行したにもかかわらず「パウエルにはいつもどおり失望した」とトランプ大統領に切って捨てられ、この時点から「パウエル」と呼び捨てにされるようになりました。

ナバロ大統領補佐官は今回の長短金利の逆転を捉えて「これはただちにＦＲＢが０・５％の利下げを行えというシグナルだ」と発言、ＦＲＢに圧力をかけています。もはやＦＲＢの自主性や権威はまったく尊重されていないようです。トランプ政権は「中央銀行であるＦＲＢは米国政府の一部でしかなく、当然、米国大統領であるトランプ氏の方針に従って粛々（しゅくしゅく）と政策を遂行するのは当たり前」と考えているようです。ましてや「現在は中国との貿易戦争の真っただ中だから、ＦＲＢはそれをよく考えろ」ということでしょう。

世界の株式市場をけん引する好調なNYダウ

ダウ工業株30種平均　週足2018/04/09〜2019/08/19

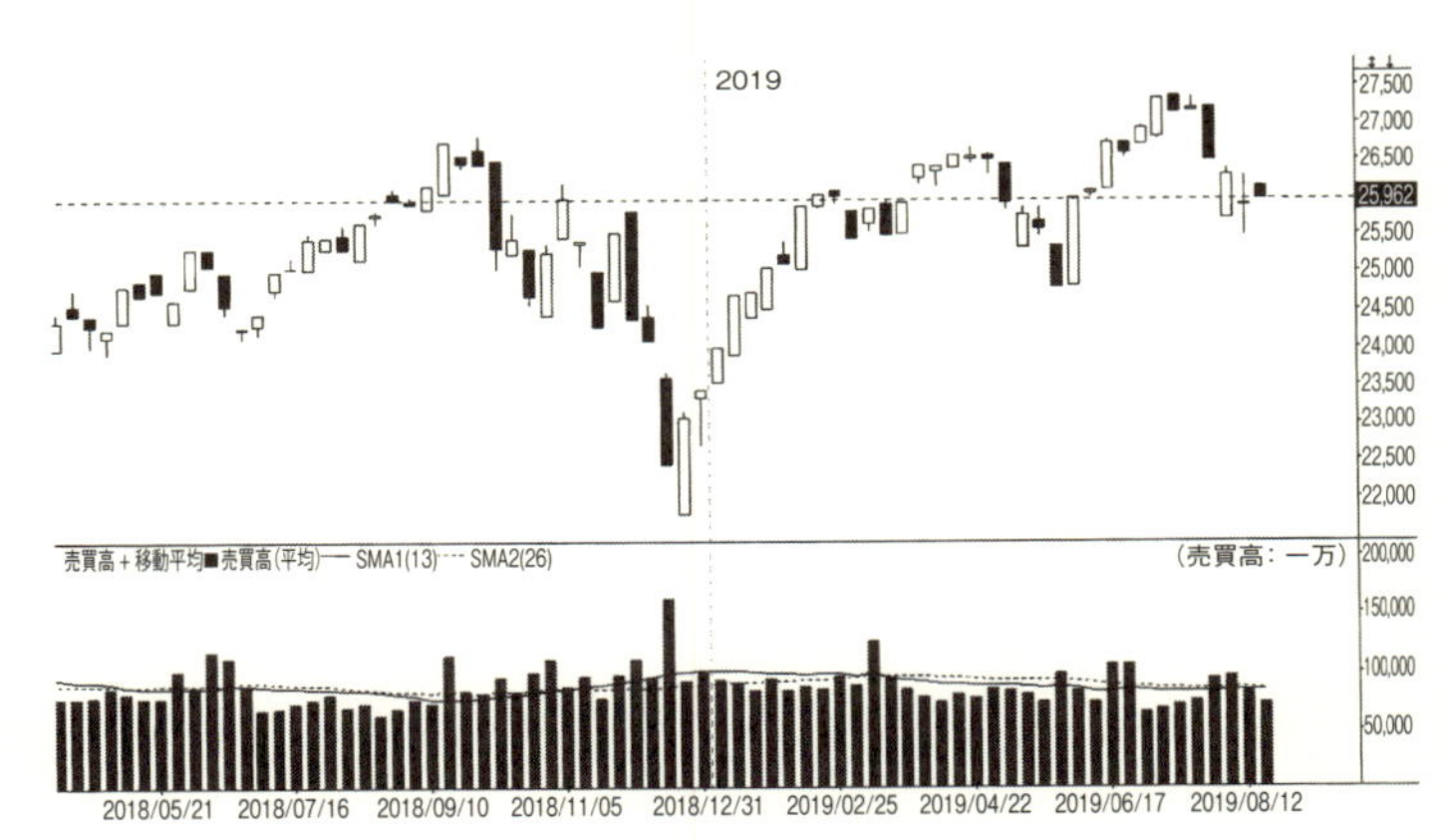

トランプ大統領はＦＲＢの独立性の重要性などまったく眼中にないようです。

依然強大な権力を有しているＦＲＢですが、ここまで公然と非難されては、その権威も失墜していきます。トランプ大統領という特異な大統領が起こした一時的な傾向という面もあるでしょうが、半面、世間の中央銀行に対して見る目が変わってきている、ないしは、中央銀行の政策スタンスが以前と微妙に変化した事実も見逃すわけにはいきません。ＦＲＢをはじめ中央銀行の変節や問題点、政治との関わりを見てみましょう。

まず現在のＦＲＢのスタンスを見ると、市場の期待に逆らうことができなくなっています。具体的にはＦＲＢは株価が継続的に下がるような政策を打つことはできないのです。はっきり言えば政策の基本路線が〈株価本位制〉ですが、現在のＦＲＢは株価の呪縛から逃れることはできないと思われます。

昨年12月、ＦＲＢは「間違えるな」と利上げの停止を求めたトランプ大統領の要求に反して、利上げを断行。その後の記者会見でパウエル議長は「今後の方針は自動運転」と述べています。当初は今年も2回利上げを行う予定だったわけです。

ところが利上げ後、株価が急落、クリスマス暴落を起こしてしまいました。パウエル議長は市場からこの暴落の戦犯とされたのです。ＦＲＢはたまらず年明けから方向性を転換、一気に利上げを停止することを示唆するようになったわけです。これで市場の混乱は収まりました。

現実に株価暴落の余波は大きかったようで、昨年の米国の年末商戦は散々な結果だったのです。これは端的な例ですが、米国においては〈株が下がると消費が落ちる〉ということは明らかです。米国のＧＤＰに占める個人消費の割合は7割です。この帰趨を決めるのが株価の動向となれば、言い換えれば「米国の経済は株価の動向によって決まってくる」とも言えるわけです。

米国株はリーマンショック後の2009年から上がり続けているわけですが、この資産効果が米国の個人消費を支えています。もちろん好調な経済が株価の上昇をけん引しているのですが、逆に好調な株価の動きが個人消費の拡大を通じて経済を引っ張ってきたとも言えるわけです。鶏と卵の関係ではないですが、これはどちらとも言えないわけです。はっきりしていることはこの好循環が悪循環、〈株価も下がり消費も落ちる〉となれば完全な景気後退というわけです。

かような状態を決して許容するわけにはいきません。FRBは景気失速を防ぐ使命を背負っているわけで、〈決して株価を見て政策を行うわけではない〉との表面上のお題目はあっても、現実にはFRBは株価を見ながら政策を行うことを強いられています。そしてこの株価を見ながらトランプ大統領が激しくFRBに圧力をかけるという構図です。

FRBが世間から圧倒的な信頼を受けて、世間から神のように崇められているのなら、FRBがどのような政策を行っても問題は起きないでしょうが、現実はそうはいきません。〈FRBが間違える〉〈FRBが万能でない〉ということが現在では明らかになってきています。

中央銀行による政策過誤の歴史

例えば２００８年のリーマンショックを起こした遠因は、マエストロと崇められたグリーンスパン元ＦＲＢ議長が必要以上の長期に渡る金利引き下げを行い、結果として住宅バブルを引き起こし、その後もそれを放置し続けたから起こったことと総括されています。グリーンスパン氏は「バブルは崩壊して初めてバブルとわかる」と言っていましたが、かような世界を震撼させるバブルを作り出し放置してしまっては、いかに過去の実績が立派であっても、その功績に疑問符がつけられるのはやむを得ないでしょう。

逆に日本の例を見れば、１９８０年代後半に「土地と株の価格を半分に下げる」と豪語してバブル潰しに奔走して見事バブルを崩壊させ、世間の喝采を浴びた三重野康元日銀総裁のような例もあります。三重野総裁はその後日本経済が著しく悪化したにもかかわらず、その状況を無視して金利を引き上げ続けたわけです。いま考えれば暴挙としか思えないような政策を断行し、その政策錯誤によって日本経済は破壊され、その後、長い低迷期を送ることとなりました。かように歴史を振り返ると、中央銀行の政策は万能ではなく間違ってきたという事実も明らかになっています。それは現在でも続いています。

日銀の黒田総裁は〈2年、2倍、2％〉と銘打って2013年から異次元緩和を断行したわけですが、その後事あるごとに「2％の物価目標を達成できる」と言い続けてきました。それが目標は6年経っても達成できず、いまでは誰も物価目標を達成できるとは思っていません。そしてついに日銀も物価目標達成への言及をやめました。

物価目標達成は現在では日本だけでなく欧米諸国においても難しくなってきています。現に経済好調な米国でさえ2％の物価目標が達成できないでいるわけです。米国はこの5年間年平均1・3％の物価上昇です。かようにいずれの中央銀行も言ったことが実現できていないのです。

中央銀行の出す経済予測も当たりません。FRBにおいても透明性が重要という観点から委員の経済見通しが匿名で出されていますが、その予想のほとんどは市場予想に比べて景気の先行きを強気に見ていました。その結果、金利が将来、引き上がるような予想を出していたわけです。これらの予想は当たらず、FRBの委員の予想は市場の一般的な予想に近づいていく傾向です。日銀の予想も同じで、物価目標も景気見通しも市場の予想に対して強気すぎて、最終的に常に下方修正を繰り返すこととなっています。こう見ていくと、いわば中央銀行は権威ばかりあって、その予想は当たっていないのが世界共通の実情です。結局、市場関係者が思っていることは、「中央銀行の経済予測能力は民間エコノミストと同程度であって、特段中央銀行が優れているというわけではない」ということです。これは事実と思います。結局、中央銀行も人間だから間違えるという当たり前のことではあるのですが、かような事実や実績が露わになってきた結果、中央銀行の権威が落ちつつあります。それをまたトランプ大統領のようなキャラクターがこきおろすので、余計に中央銀行も政策がやりづらく、プレッシャーも強くなっているわけです。

ではこれでいいのでしょうか？　中央銀行の権威をおとしめて、「中央銀行は完璧ではないのだから政治の言うことを聞け」、ないしは「市場の声に常に従うように」、ないしは「株が絶対的に下がらないように尽力せよ」という圧力をかけ続けて、結果中央銀行がそのような世間に迎合した政策を続けるのが妥当なのでしょうか？　ということですが、これはそうとは言えないでしょう。

やはり中央銀行に権威を持たせて、政治から独立させて、思い切った政策を実行させることはきわめて重要です。米国を例に取れば、ＦＲＢがトランプ大統領の意に沿い続ける、ないしはそのように思われるのはきわめて危険なシグナルと思います。

ドルの信頼が崩壊する

なぜ中央銀行が政治に近づくのは危険なのでしょう？　なぜ中央銀行の独立性がそれほど重要なのでしょうか？　米国を例に取ってみましょう。それはＦＲＢへの信頼、中央銀行への信頼が通貨価値を支えるからです！

特に世界の基軸通貨であるドルの場合はとりわけこの通貨に対する信頼は重要です。国際金融においてドル支配が顕著ですが、これを支えているのはドルの人気、ひいてはＦＲＢへの信頼が磐石だからです。誰もがドルを持ちたがるわけです、円やユーロ、ましてや中国元など多く持ちたくないのです。世界の中央銀行が保有する外貨準備の3分の2はドル資産です。

中央銀行を含む外国人投資家が保有する米国債は世界で一番人気がある投資対象であり、この10年で外国人投資家の保有額が倍加しているのです。米国は膨大な財政赤字を抱えているのですが、世界における米国債の圧倒的な人気で米国金利は低く保たれるわけです。

もちろんこの恩恵を米国の消費者も受けて、米国は財政赤字、貿易赤字が膨大でありなが

ドル円相場はじわじわ円高方向に

ドル／円チャート　週足2018/04/09〜2019/08/19

ら、自国の金利が低いという好条件を謳歌(おうか)できているわけです。これを演出しているのはFRBです。FRBの行う政策が時には政治的に苦痛をともなう厳しい政策でそれを果敢に実行するからこそ、かえって長期的な経済の安定がもたらされると投資家は感じているのです。かようにFRBが政治の圧力に屈しないでドルの価値を担保させていると世界中の投資家が信じているからこそ、ドルの人気が保たれているのです。これに対してトランプ大統領が自分の好きな言うことを聞く人物に金融政策を任せ、大統領の意のままに金融政策が行われ、ドルが垂れ流し状態になってきた、と世界の投資家たちが考え始めれば、その途端にド

ル離れが起きて、結果、米国債の人気がなくなって米国は世界の投資家から見捨てられ、米国の金利は急騰するということになりかねません。

このリスクをトランプ大統領はまったく意識していないのです。トランプ大統領は政治が中央銀行に介入することの真の危険性をわかっていません。ここが将来的な大きな問題です。そして今後、中央銀行の政策運営がますます難しくなっていくことでしょう。

FRBは金融危機前の状態まで政策金利を引き上げようとしていましたが、ついにこの時点でとん挫、再び金融緩和路線に舵を切りました。

思いどおりにいかないのはFRBだけではありません、ECB（欧州中央銀行）にいたっては昨年末量的緩和政策を停止してこれから正常化の一歩へと期待されていましたが、わずか半年で方向転換、再び緩和路線へ回帰です。

一方、日銀はいっこうに緩和状態から抜け出すことなどできません。こうみると昨今の中央銀行の政策的な手詰まり感は明らかです。世界最大のヘッジファンド、ブリッジ・ウォーターを率いるレイ・ダリオ氏は「現在の形での中央銀行はいずれ時代遅れとなるだろう」と述べ、金融政策の終焉（しゅうえん）を予想しています。そして現在の世界的な金融緩和路線への回帰を捉えて「今後、財政ファイナンスと通貨価値の下落は必至だ」と予想しています。

金相場がじりじり上げて6年ぶりの高値になってきました。貿易戦争の最中、どの国も金利を引き下げて通貨を安くしようとしています。先週だけで4カ国が利下げを断行しました。今後もFRBをはじめとする中央銀行は景気を支え、株価を支えるためにやれることの限界まで政策を遂行するしかありません。それでも思うような効果が出ない局面が来るかもしれません。やがて各国で財政拡大が始まるように思えます。〈株価を下げることはできない〉〈景気を拡大させる必要がある〉どの国もこの命題から逃れることはできません。今回の金相場の上昇は現在では予想だにしないインフレ到来を示唆している可能性を感じます。

債券バブルの行方

〈株は高すぎる、バブルだ！〉米国株はすでに10年以上も上げ続け、PERなどの指標をみても米国株は若干割高になっています。この状態をみて、株は高すぎる、やがて大きく下がる、という考えを持つ投資家が増えてきています。確かに相場は循環するものですから永遠に上がり続けることもありませんし、逆に永遠に下げ続けることもないわけです。

ただ現在の世界情勢をみれば、米中の貿易戦争はいっこうに収まらず、関税合戦は激しくなる一方です。中国経済の先行きもわかりません。欧州の景気も明らかに減速模様ですし、日本も10月に消費税引き上げを控えて、とても景気の先行きの自信が持てる段階ではありません。とりわけ上げ続けている米国株に対して投資家が警戒感を持つのも当然かもしれません。米国においても個人投資家は株価の先行きに対して弱気な見方が増えているようです。

とはいうものの、バブル状態、ないしは明らかに高すぎるのは債券、国債市場であることは明らかです。先行き不透明ということで資金の逃げ場がなく、大量の資金が各国の国債に安全資金ということで殺到しているわけです。これらの国債の利回りが多少でもあるのならいいですが、ひどいことにあまりの買い人気を背景にして有力な先進国の国債利回りは軒並みマイナス金利状態となってきているのです。

マイナス金利ということはその国債を現在購入したとして金利が入らず、支払う勘定になるわけで、購入した国債を保有すれば損失を被ることが確実なわけです。ではなぜ、満期まで保有すれば損することが確実な国債を購入するのでしょうか？　それは単に値上がりすると思うからです。ネズミ講では次から次へと参加者が増えていけば、先に入った参

日本の長期金利は日銀のターゲットライン マイナス0.2%を下回ってきた

利付国債（10年）355回　週足2018/04/02～2019/08/19

加者は自然に儲かるわけですが、最後の購入者はひどいババを引くことになります。それほどひどいわけではありませんが、現在マイナス金利で取引されている国債は全世界で16兆ドルと世界の国債発行額の4分の1以上がマイナス金利で取引されているわけです。このような国債を購入するのは、ネズミ講と同じ理屈でいずれ高く売れると思うからです。これがバブルでなくて何でしょうか？

株は怖い、株は下がるかもしれないと日本の多くの人たちは懸念しているのですが、自分たちが関与していない国債の相場が完全にバブル化していることはまったく気づいていないようです。

日本国債10年物、日本の長期金利はマイナス0・290%まで入り、日銀の目指しているターゲットライン、マイナス0・2%の水準を超えてきてしまいました。現状でさえ、地銀のほとんどは儲からなくなってきているのに、これ以上金利が下がれば業務純益の赤字はさらに拡大、完全にお手上げ状態です。日銀も日本全地域に渡る銀行全体の経営状態に十分注意を払っているわけです。その結果、長期の金利はあまり下げないような政策を取ろうとしてきたわけですが、市場の動きはそれをあざ笑うかのようです。マイナス金利は日本の問題というより世界の趨勢なので、日銀も防ぎようもないわけです。日本の長期金利は8月末の段階でマイナス0・290%程度ですが、ドイツでは同じくドイツ国債10年物、いわゆるドイツの長期金利はついにマイナス0・72%となってしまいました。欧州地域では日本よりひどいマイナス金利が常態化しようとしています。かように世界全体を見渡しても、金利の取れる国債を探すのが至難の業という異様な状態です。

この情勢下において100年債の人気が沸騰してきました。100年債とは満期が100年の国債です。いま発行すれば満期は2118年です、誰も生きていないでしょう。100年債は100年間に渡って一定の金利を払い続けます。その金利がオーストリア100年債でわずか0・6%となってしまいました。購入者は100年間毎年0・6%の

米国の長期金利は昨年10月の
3.2%から半分以下の1.5%割れに

米国債10Y（NY）　週足2018/04/09〜2019/08/19

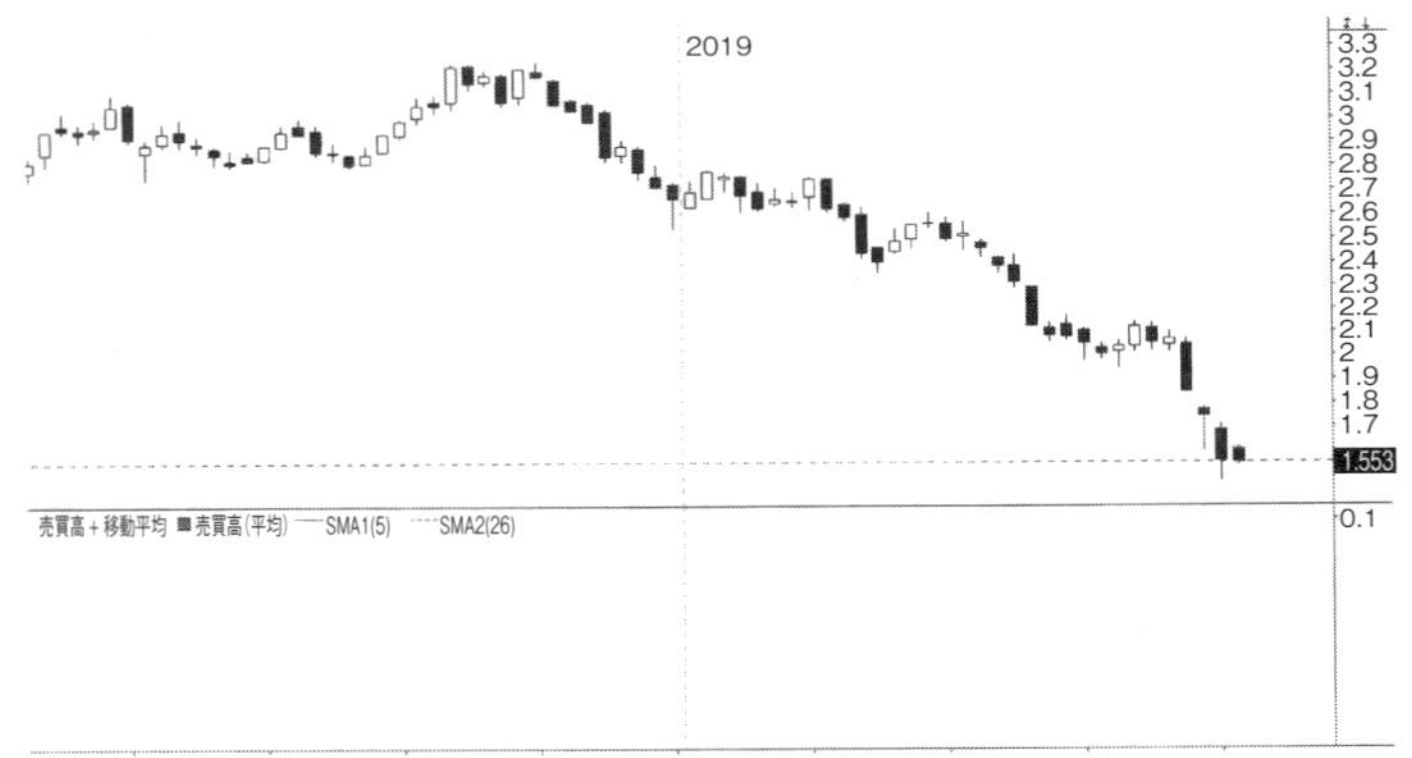

金利がもらえて１００年経てば晴れて償還ということです。このオーストリア１００年債は昨年発行になったのですが当初は利回りが２・１％あったわけです。ところが金利を思うように取れない世界の投資家たちは２・１％という金利の魅力をみてこのオーストリア１００年債購入に殺到。買いが殺到すれば価格が上昇、オーストリア１００年債は今年になって価格が８割も上昇して、ここで購入した投資家の利回りは０・６％と相成ったというわけです。

１００年先のことを誰がわかるのでしょうか。いまから１００年前は第一次世界大戦でした。この戦争を体験した人は誰もいないでしょう。この100年間、日本では第一次、第二次世界大戦があり、原爆が落とされ、終戦で焼け野原になり、そこから復興があり、高度成長があり、バブルがあり、バブルの崩壊があり、想像できないことが山ほど起こったわけです。その100年、同じ低金利でも構わないと、投資家がかような100年国債を怒涛（どとう）のように買い付けていく様子は異常とは思いませんか？

株どころか完全なバブルは世界の国債です。もちろんそれは日本国債を含む世界中の国債について言えることです。日本のことを考えても、国の借金は1000兆円を超えています。GDPの倍以上の借金を返せると思っているのでしょうか。本来なら返せないと思えば、金利は高くなるわけですが、日本国債の金利は高い安いを通り越してマイナスなのです。日本国の借金は100%返済されるどころかお釣りがくるという感覚です。これってておかしくないですか。これこそバブルでしょう。なぜ株がバブルなのですか、国債こそ完全なバブルではないですか！

多くの日本人は預金ばかりにお金を預けていますが、その先は一部国債で運用されています。誰も怖さを感じていません。

世界中のありあまった資金は、どうしても何かに投資されなければなりません。そうしないとお金の居場所がないのです。巨大なお金は基本的に株か、国債などの債券、あとは一部不動産などに投下されるわけです。金とか原油などの商品相場もありますが、これら商品相場では規模が小さいので、巨大な資金を吸収しきれません。勢い、巨大な資金は株か国債など債券に投下されるわけです。

身近なところで考えますと、われわれの年金基金はＧＰＩＦ（年金積立金管理運用独立行政法人）によって運用されています。この年金運用も２０１４年の改革で内外の株式での運用を運用資産の50％にまで高めたわけです。その結果、運用成績は爆発的に向上、ＧＰＩＦは巨額の利益を出すことになりました。かように日本の年金基金だけでなく世界の年金基金、ないしはファンドや機関投資家の運用資産なども巨大な資金は株式市場か国債などの債券市場で運用するしかないわけです。

それで景気の先行きや米中問題の先行きが見通せない状況となっていますから、どうしても資金が安全志向ということで国債など安全資産に殺到。結果的に国債がバブル化してしまってマイナス金利続出という異様な状況を作り出してしまったわけです。ちなみに世界で取引されているマイナス金利の国債は、昨年末に比べて倍加している状況です。１００年債を発行するということも異様に感じますが、それがかつてないほど人気化する

国債市場はバブル化

100年債に殺到する投資家
〈利回りがあるうちに買え！〉
⬇
100年先の危険性を考えていない　おかしくないか！

オーストリア100年債の価格

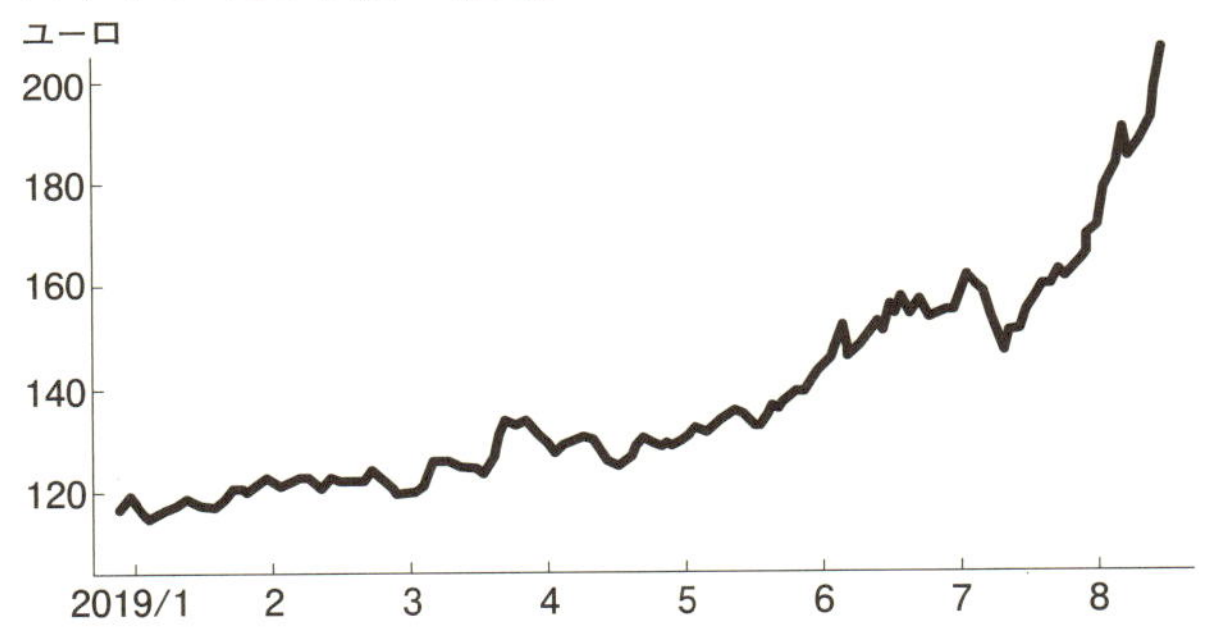

国債を購入して金利を払う
⬇
これがバブルでなくて何？

マイナス利回りの債券残高は足元で急増

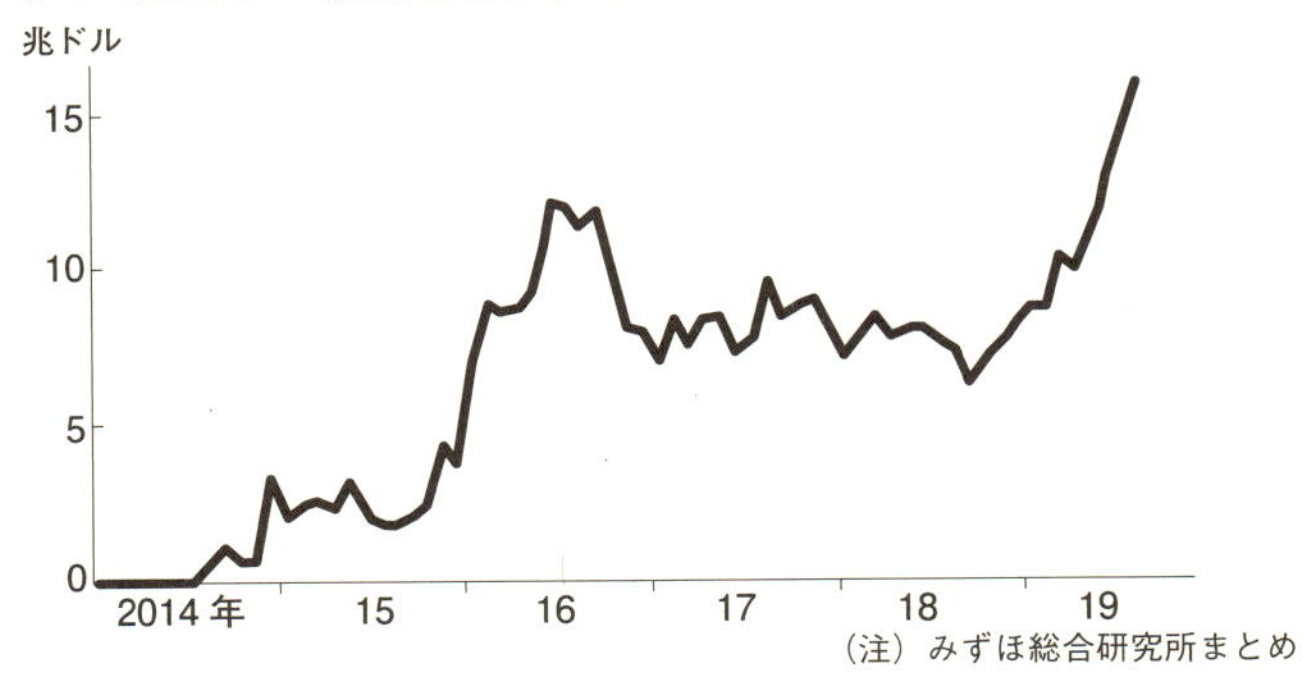

（注）みずほ総合研究所まとめ

という状況にも驚かされます。

投資家として意識すべきは国債、債券市場に比べれば、株式市場はまったくバブル化していないという事実でしょう。特に日本の株式などは、きわめて安い水準にあることは意識しておく必要があります。

金相場はどうなる？

金相場が上昇してきました。8月7日に1トロイオンス＝1500ドルを突破、ついに6年4カ月ぶりの高値となってきています。

一方、日本の市場では8月6日時点での金地金販売価格が1グラム＝5437円（税込）となり1980年2月以来40年ぶりの高値に躍り出てきています。金相場の上昇は本物でしょうか？　そしてこの上げの背景に何があるのでしょうか？

金相場は昨年の夏には1トロイオンス＝1200ドル割れ、多くの投資家の失望を招いていました。この当時は金価格に連動するETFから断続的に資金流出が止まらず、ヘッジファンドなど投機筋の売り越し額が過去最高に膨らんでいました。

昨年の秋までの段階では米国の株式市場は好調、NYダウが史上最高値を付けたのは10月3日です。ドル相場も米国の好調な経済を受けて上昇し続け、米国の中央銀行であるFRBは政策金利を上げ続けていたわけです。金利のつかない金投資は嫌われ、金投資は向かい風が吹いていた状態です。資金は金相場から逃げ、株や金利の取れる投資対象に向かっていたのです。その当時、金相場はじわじわ下げる一方でした。

ところが金相場は今年に入ってから相場付きが一変したのです。米国FRBによる利上げ停止、さらに利下げ観測が出てきたからでした。それでも金相場には上値の大きな抵抗ラインが存在していました。

金相場はリーマンショック後、米国経済の不安定化とドル安傾向を受けて大きく上昇しました。当時、私も一貫して金への投資を推奨してきました。金相場は2008年から2011年までに約3倍に化け、2011年秋には1トロイオンス＝1920ドルの高値を付けたのです。

その後、金相場は米国経済の回復とドルの復権を受けて、下がる一方となりました。通常、相場の世界では大きな相場が出て、大天井をつけるとその後相場の低迷は長く続くものなのです。ですから金相場は2011年秋の天井打ち以後、基本的には下げトレンドの

1350〜1360ドルは強力な上値抵抗ラインだった
6月に一気にこの水準を抜き去った

NYMEX 金　週足2016/01/04〜2019/08/19

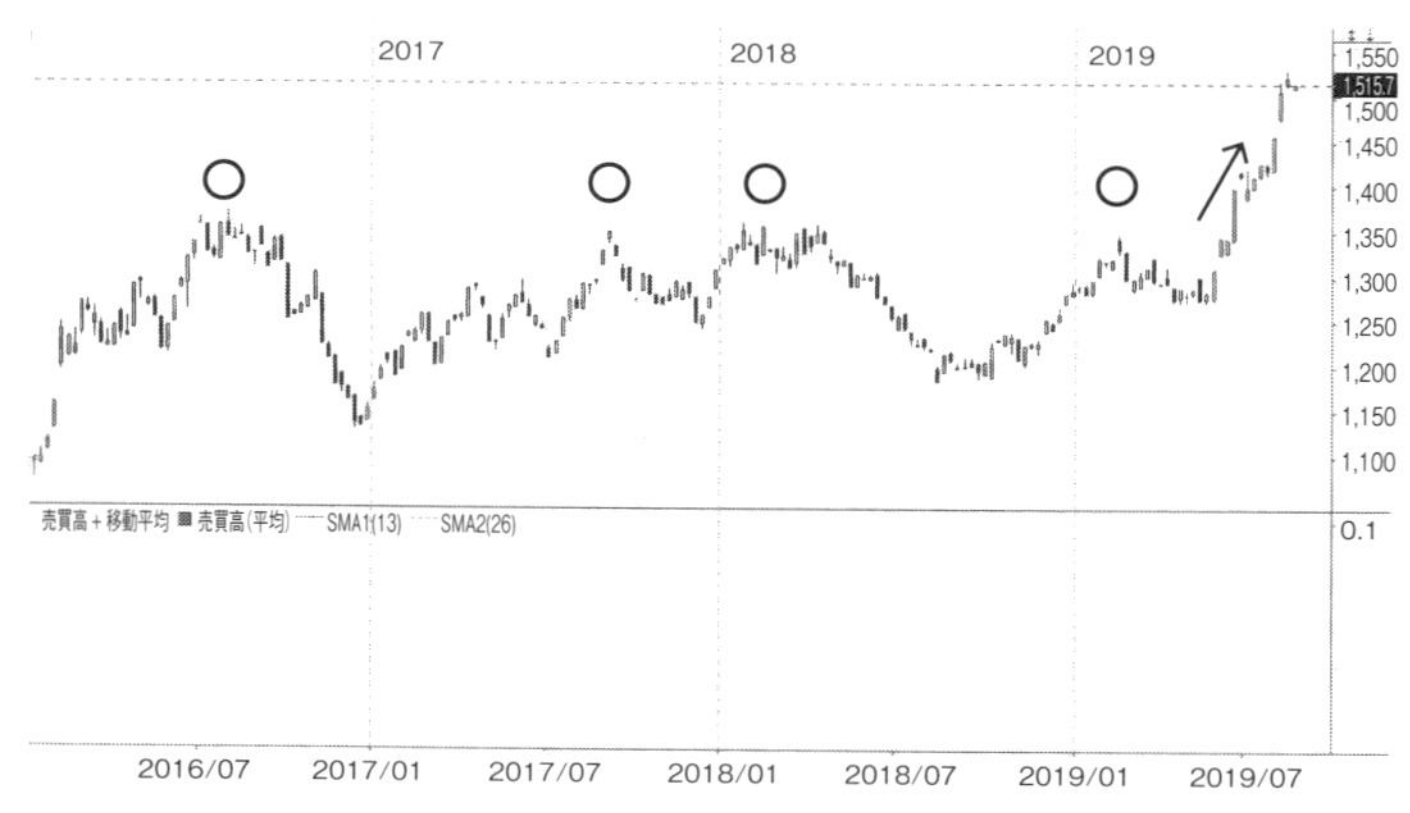

中にあったと思います。そして２００８年から２０１１年までの相場が3倍になるという大きな相場だっただけにその反動も長く続いたわけです。

２０１１年秋から金相場は下げ続け、上げても再び下げるという展開でした。ここの直近3年くらい金相場はもみ合い状況、上がるときもあるのですが、ある程度上がると上値が押さえられる展開だったのです。

特にここ3年、金相場は上値の強力な抵抗ラインとして１３５０ドルから１３６０ドルのラインが意識されていました。上がってきても、どうしてもこのラインを抜けなかったのです。

２０１６年7月、８月は英国が予想外のブレグジットを国民投票で決めたことに世界は衝撃を受けました。そして世界の不安定化を危惧して株が売られ、金が買われました。そのときも１３６０ドルが上値の大きな抵抗ラインとなって、その上に相場が突き抜けることはできませんでした。

また２０１７年８月、９月は北朝鮮が核実験を実施したことで世界的に危機感が広がりました。当然、このときも金相場が買われたわけです。それでも金相場は１３６０ドルの上値抵抗ラインを抜けることはできませんでした。

また昨年2月、３月、４月と米中貿易戦争への懸念から世界的に株価が下落したときも金相場は上げたものの、１３６０ドルで相場の頭を抑えられました。

今年2月も米国の利下げ観測が出て金相場が一時的に買われる局面があったのですが、ここでも１３６０ドルを前にして相場は失速したのでした。かように金相場における１３５０ドルから１３６０ドルの壁は過去3年間の間に4回もトライしても抜くことができず、チャート上の相当強力な上値抵抗ラインとみられていたのです。

それが今年6月、この１３６０ドルのラインをあっさり抜いて１４００ドルを超えてきたのです。この段階から金相場は相場的に新しいステージに入ってきたわけです。相場の世界ではかように強力な抵抗ラインを上でも下でも抜き去ることで、新しいトレンドが始まることはよくあることです。

背景として金相場が上がる外部環境が整ってきたということがあるでしょう。先に書いたように米国の金融当局であるＦＲＢが今後、政策を転換して金利引き上げ政策から、金利引き下げ政策に変わってくるという見方は金相場にとっての一番の追い風です。

また現在金相場とともにビットコインの相場も大きく上昇してきたのですが、これも現在の世界の不透明感を映している動きでしょう。もちろん米国とイランとの軍事衝突の危険性、そしてそれにともなって予想されるホルムズ海峡の実質的な封鎖による原油価格の急騰が世界経済に与える悪影響も懸念しているわけです。

実はこういう外部要因から起こる金相場の上昇だけでなく、金自体を継続的に買い続けていた主体があったことも知っておく必要があります。金の国際調査機関、ワールド・ゴールド・カウンシルによると、２０１９年1-3月期世界の金需要は前年比で７％増えたということです。

これは普通の投資家が金を購入したからではありません。世界の中央銀行が金の買い付けを行っているからです。

実は世界の中央銀行の金買い付けは昨年2018年、656トンと1971年以降で最大を記録したのです。その勢いはさらに加速して、今年上半期の世界の中央銀行による金買い付けは374トンに上ります。その内訳をみると、ポーランドは100トン近く購入して保有量を倍増させました。ロシアは94トン、中国も74トン購入しています。さらにインド、エクアドルやカタール、コロンビアなど新興国の中央銀行も積極的に金を購入しているのです。

ロシアなどでは米国と対立状態ですからドルを保有して米国債を購入するより、金を購入するという選択を行ったように思えます。また中国の金需要をみると、昨年秋から急増しているようです。香港経由も多く、米中貿易戦争が佳境となる中で、資本逃避的に金への需要が起こってきた可能性もあると感じます。インドはもともと歴史的に金の人気は高く、継続的な買い付けが続いています。

現在の世界の各中央銀行の金の保有量をみると、米国が8133トンでダントツの1位、ついでドイツが3366トン、イタリアが2451トン、フランスが2451トンと続きます。この後にロシアの2207トンとなるのですが、ロシアの保有量が急ピッチで増えているのが目立ちます。ちなみに中国の保有量は1926トンとこの10年で8割増加して

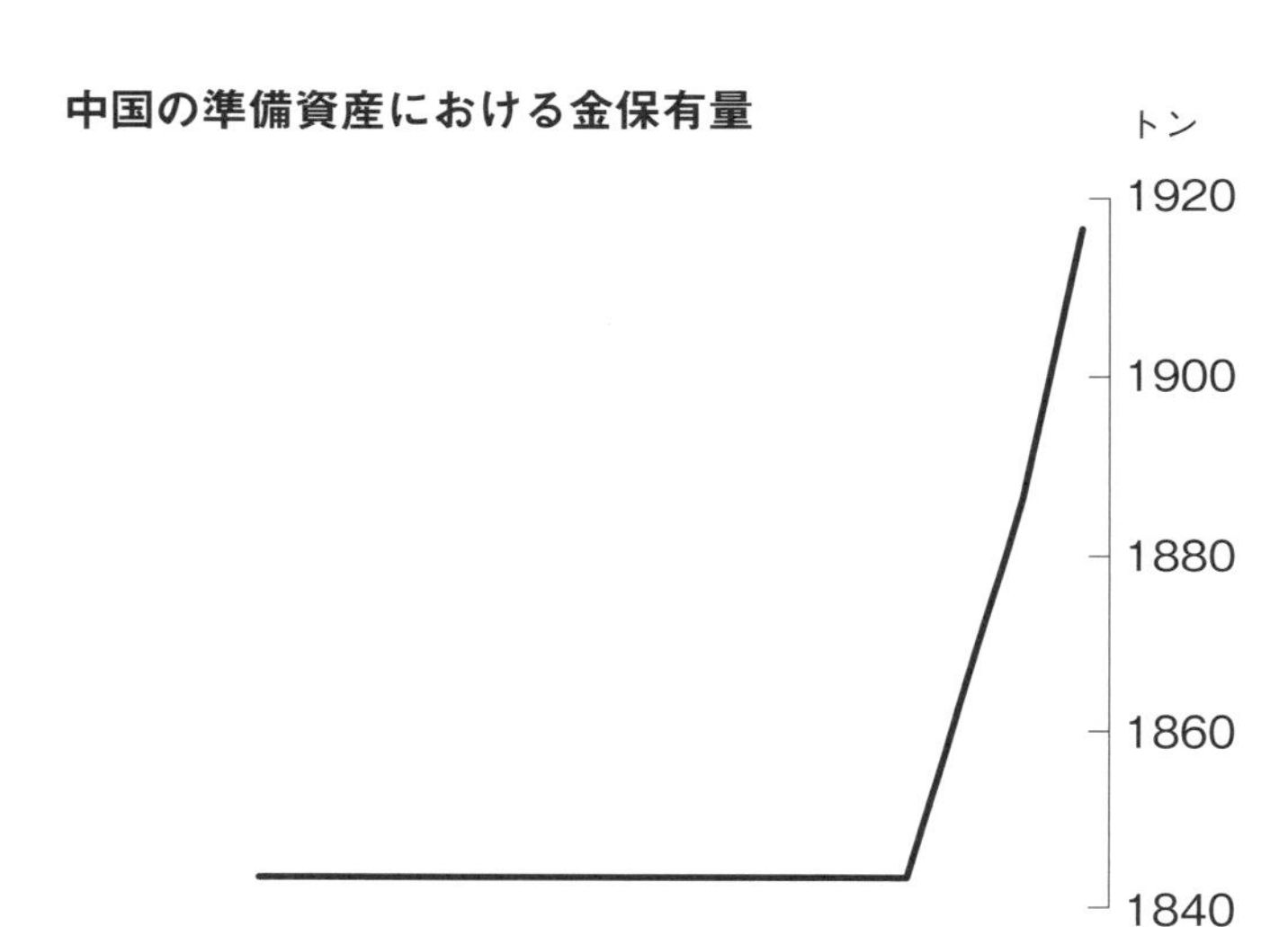

います。一方、日本の金保有量は７６５トンで過去10年ほとんど変わっていません。

日本の個人投資家の動向をみると、世界の投資家と少し違った投資スタイルです。金地金大手の田中貴金属によると、ここで金相場が上昇してきたことで、金売却を行う個人投資家が増えているということです。田中貴金属の今年上半期の金地金買取り量は前年同期に比べ６割も増加しました。

特に金相場が１４００ドルに乗せた６月に入ってから投資家の金売却は勢いを増し、６月第１週の金買取り実績は５月最終週に比べて１・８倍に増えたということです。日本の投資家の場合、金価格が１グラム５０００円というラインが一つの節目のようで、日本の投資家はこの水準に金相場の天井感を感じているようで、ここに近づくと投資家の売却が増えてくるということです。

いずれにしても〈先行きが見えない〉と世界中のほとんどの人が感じていることでしょう。米中の貿易戦争の行方ははっきりしませんし、当然世界の経済の先行きも不透明です。中国をはじめ新興国の借金は膨大な額に達していて大きな懸念となっています。また米国とイランの軍事衝突の危険性は増しています。また世界的な異常気象も年々激しくなる一方です。かようななか、投資家の多くに金投資という選択肢が盛り上がってきたということです。今後も金相場は好調に推移しそうです。

株式投資に目を向けよう

〈貯蓄から投資へ〉国が音頭を取って、いくら掛け声をかけても日本人の保守的な資産運用スタイルは変わりません。金融資産は一向に預金から投資へ動かないのです。世界を見回して主要国の金融資産の運用状況を見ると、おおむね預金は少なく、株式や投資信託に偏っている状況は顕著です。

例えば米国では金融資産に占める現預金の割合は13・1%にすぎません。欧州でも現預金の比率は33・0%、それに対して日本では現預金の比率は52・5%にまで及んでいます。ゼロ金利でまったく金利を手にすることができない日本人は投資に背を向け続けています。日本人は1800兆円を超える膨大な金融資産を持ちながら宝の持ち腐れでいっこうに増えず、預金に眠ったままの状態が続きます。このため日本人全体の金融資産が他の国に比べて増えていかないのです。

日米の高齢者の資産状況を比べてみれば日米の差は歴然です。日経新聞によると「日本の70歳以上の世帯が保有する金融資産額は1994年から2014年までの20年間で横ばいどまり。一方、米国の同年代はほぼ同期間に3倍に増やしている」というのです。

同じように大きな金融資産を持ちながら米国人はその資産を平均で3倍まで増やしているのに日本人はまったく変わらずという悲惨な状況です。なぜ日本人はかような状態に甘んじているのでしょうか? もちろんこの期間、米国での株高が進んで日本では米国ほどの大きな株高とはならなかったという国内事情は大きいのですが、それだけではありません。日本人はあまりに投資を忌み嫌って預金ばかり選好するために、自分の資産を増やす機会を自ら失ってきているのです。

日経平均は動きが重い

日経平均株価225種　週足2018/04/02～2019/08/19

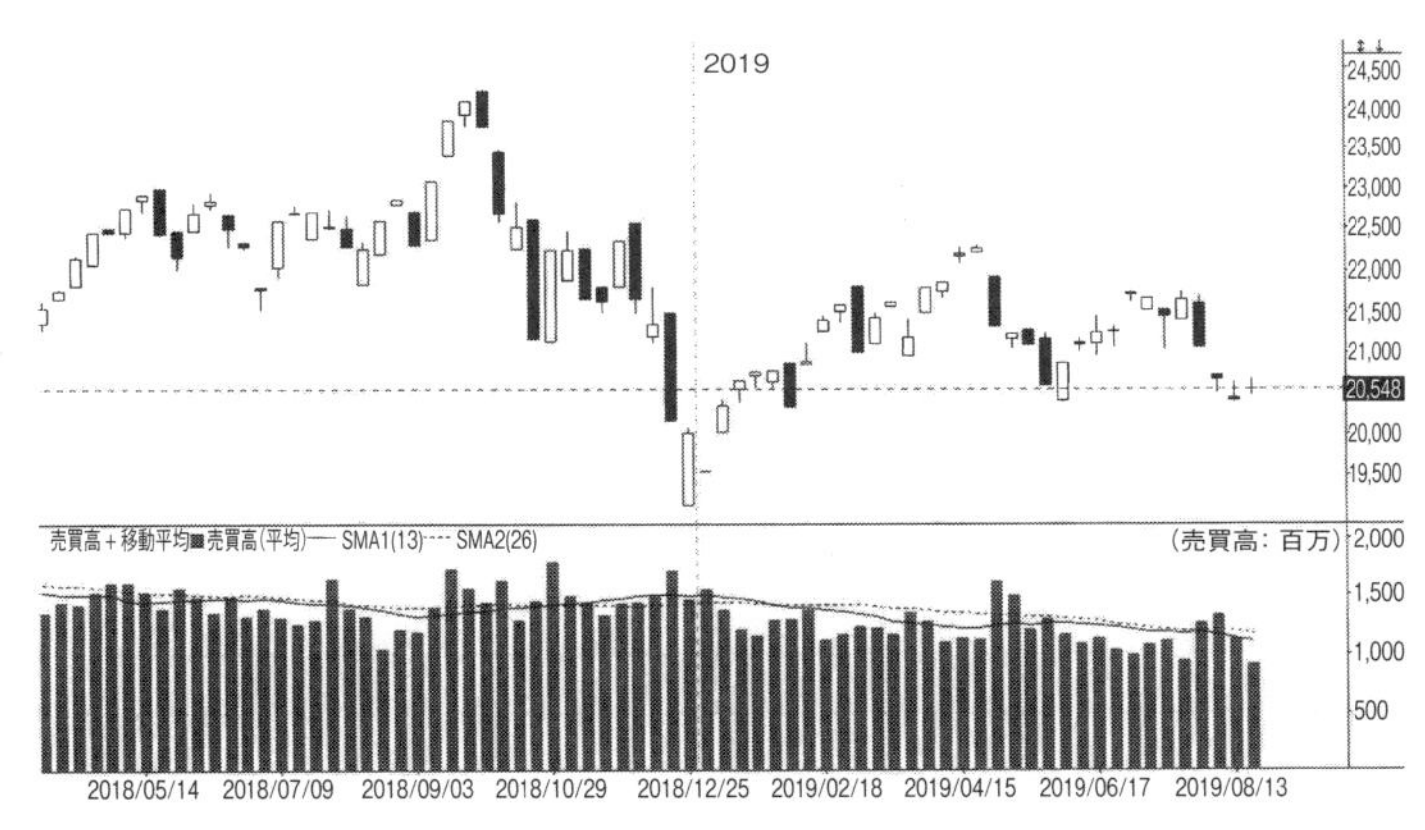

株式市場などは一喜一憂せずに長期で株式を保有して配当などをじっくり取り続けてリターンを得る、というのが株式投資などの王道なのですが、こう言った考えなり、じっくり株を長期に保有するという姿勢が日本人全体に波及しないのです。

「株なんて損するから絶対やってはいけない」とか、「あの人も株で大損したらしい」とか「投資なんかせずに真面目に働くのが大事」という考えが日本全体に染み込んでいるようです。金融庁の調査でも「投資教育を受けたことがある」という答えは少なく、それどころか「投資を勉強する必要性を感じていない」という声が圧倒的に大きいわけです。自ら己の資産の拡大を許れない状態を問題視せずに普通に許容している状態は、世界的な常識からみれば異様とも言えるでしょう。

かような状態に至った原因はさまざまあるわけですが、一つ大きいのは日本人の多くが投資において〈成功体験がない〉という歴然たる事実です。投資して儲かったというならいいですが、巷で聞こえる声は投資で損をしたという話ばかりです。ないしは投資で全財産を失ったとか、投資で失敗して大きな借金を背負ったというような話が多いわけです。それでは危険なものに手を出さないほうが無難と思うのも当然です。

この日本人における投資の成功体験の欠如ということは事実です、国はきわめてこのことを詳細に分析、方針を大きく変えてきました。投資したら儲かるように積極的に制度改正を進めているわけです。

一つはＮＩＳＡをはじめとする税金面での優遇です。現在では年間１２０万円まで無税で投資できますし、４人家族では年間４８０万円まで無税、10年単位で考えれば４８００万円まで無税ですから、普通の家庭であれば現実問題として投資は無税で行うことができるわけです。ところがかような優遇を行っても、いっこうに投資熱は盛り上がりません。

金融庁は金融商品を販売する銀行や証券会社、保険会社にも圧力をかけています。米国では投資信託の販売手数料や年間の信託報酬が安く投資家は着実な利益を取れる体制が整っています。一方で日本では投資信託の手数料が高く、信託報酬も高く、投資家は儲かりづらいわけです。このことを金融庁は深刻にとらえて、金融機関に対して手数料の引き下げや信託報酬の引き下げを迫ってきました。これによって銀行や証券会社の収益は大きく落ちてきたのですが、半面、日本の投資家にとっては投資信託などで儲けやすい土壌ができてきたように思えます。

それでも日本人の多くが投資で損失を被ってきた歴史は大きく、多くの人のマインドを変えるまでにはいたっていないのです。

私は投資の世界に長く携わってきたので、今ほど投資家は恵まれている環境はなく、なぜ日本人の多くが金利ゼロの預金にばかり資金を置いておくのか、不思議でたまらないのです。それでも、やはり人間は損をした体験は強烈なものです。一昨年ノーベル経済学賞を取ったリチャード・セイラー氏によると、「普通の人は〈近視眼的損失回避行動〉がある」というのです。これは投資家が損失を繰り返すと、短期的な損失を必要以上に恐れるようになって、合理的な投資行動をとれなくなってしまう、というものです。

私も仕事柄、株式を推奨したりするのですが、一般的に多くの人は儲かったときの思い出より、損をした思い出のほうが強烈に脳裏に焼きつくようです。

例えばあなたが株式を購入したとしてその株が下がってしまって大きな損失を抱え込んだ経験は長く頭に残っているのではないでしょうか。人間は一般的に楽しい思い出より苦しい思い出のほうが深く心に刻まれるものです。ですから株式投資などでは儲かった思い出は消えてしまって、損した思い出だけが残ってしまうケースも多いわけです。結果〈株などやるものではない〉という思いだけが残るわけです。

現在世界的に株主に対してのフォローの風が吹いています。株主に報いるべく企業側のサービスが拡大しているのです。具体的には世界的に株主に対しての還元、配当を増やすことや、自らの資金で自らの会社の株式を購入して株価の引き上げを目指す〈自社株買い付け〉が盛んになっています。世界を見渡すと2018年度の企業の株主還元（これは配当と自社株買いを足したもの）ですが、これが10年間で倍になりました。株を保有していると配当は増やしてくれ、上がるように企業側が積極的に株式を購入してくれるというわけです。

これを日本の場合は5年で倍という世界の潮流以上のスピードで株主還元が拡大しています。結果主要な日本株の配当をみてみると、8月29日現在でJT6・86%、日産6・19

%、キヤノン5・86%、ソフトバンク（通信子会社）5・71%、住友商事5・78%、三井住友FG5・24%、三菱UFJFG4・99%、みずほFG4・91%、NTTドコモ4・63%、そして日本一のトヨタでも3・19%あるのです。誰でも知っている日本を代表する株式がこれだけの配当を継続的に出し続けているのに、日本人の多くはどうしてゼロ金利の預金を選ぶのでしょうか？〈あまりに投資を怖がりすぎている〉とは感じませんか。残念ながら多くの人はかような合理的な考えよりも、損はしたくない、株は危ない、という危険回避的な行動をとってしまうわけです。

さらに人間は誰でも自己の行動を正当化しようとするところがあります。結果、株を保有していない人は〈株はバブル状態〉〈株はまた下がる〉という意見に同調しやすいというわけです。

とはいうものの、購入した株が下がっては投資意欲がなくなるのも人間の常です。ここ数年、さまざまな名前の知られた有名な株式が新規公開となって個人投資家に売り出されましたが、そのことごとくが公開価格割れとなってしまいました。

個人投資家が多く購入した日本郵政の例を見てみましょう。日本郵政は2015年11月1400円の公開価格で上場を果たしました。8月29日現在957円です。配当利回りは

日本企業の自社株買いは昨年過去最大を記録

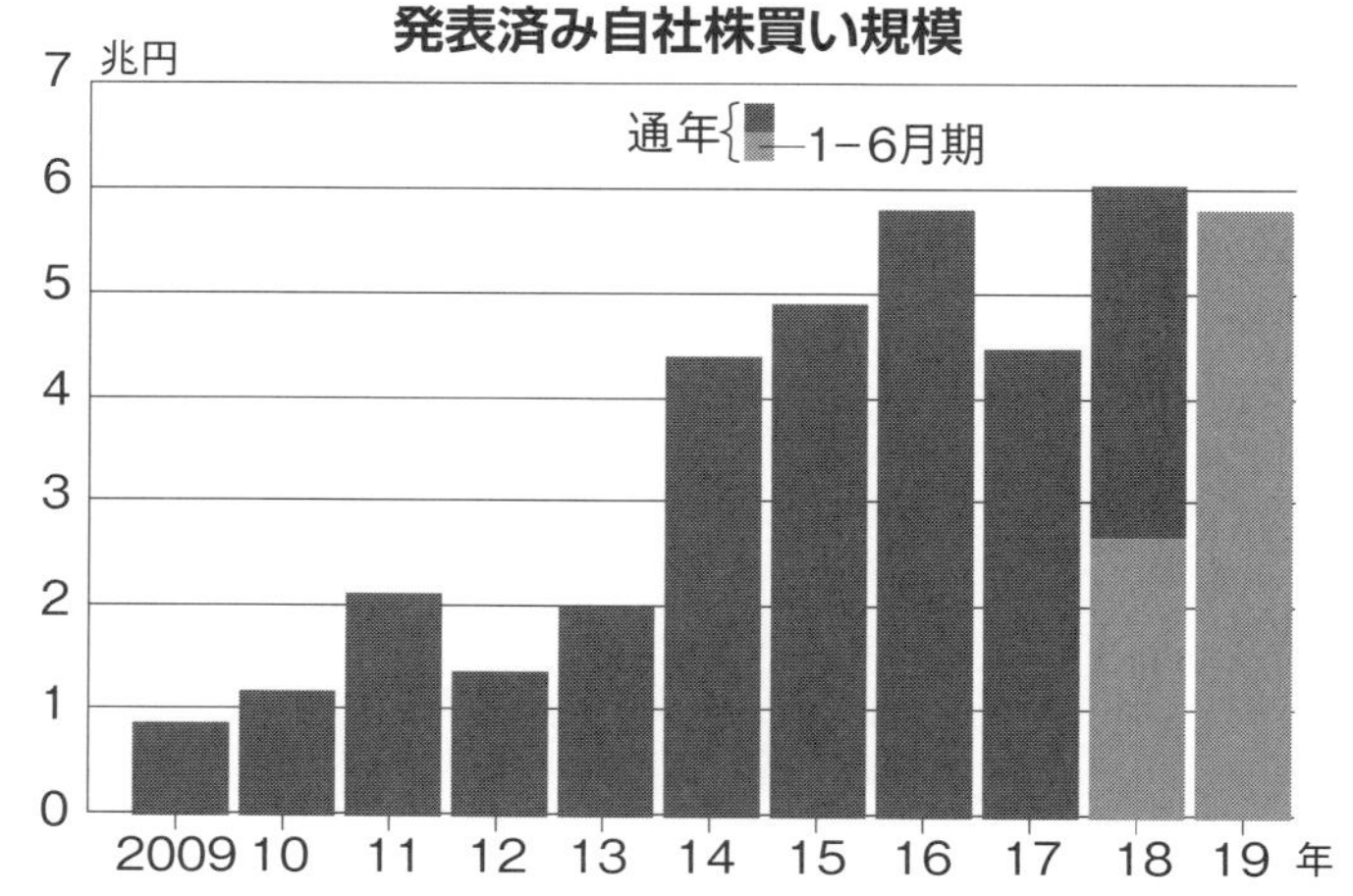

Note : ¥1 trillion=$9.2 billion
Source : I-N Information Systems

５・22％ですが、値下がりが厳しい状況です。上場直後売却していなければ、やはり日本郵政を購入して後悔しているかもしれません。しかし日本郵政は毎年配当を出していて、２０１５年上場時からの配当総額は１８２円となります。株価は下がっていても保有していれば、それだけのメリットもあったのではないでしょうか。さらに今後長く保有し続けることで、この値段であれば毎年５％を超える配当をもらい、株主は潤っていくと思われます。株式投資は基本的に短期で考えるのでなく配当込みの長期で捉えれば、損したようでも実は儲かっていたことになるケースが多いわけです。

折しも昨年、鳴り物入りで上場したソフトバンクグループの通信子会社ソフトバンクは先日やっと公開価格の1500円を奪還しました。日本では個人投資家が2兆円という膨大な額をこのソフトバンクにつぎ込んだわけです。日本の個人投資家の上場株式の保有額は100兆円超とみられています。その約2％に当たるソフトバンク株が公開価格の1500円を割れてその水準を奪還できなかったことに多くの個人投資家、とりわけ初めて株を購入したような投資家はがっかりしていたと思います。それが3月決算期を経て配当をもらって、なおかつ公開価格である1500円をも抜いてきたことは個人投資家のマインドをかなり明るくする材料と思います。ソフトバンクの投資では1500円の公開価格に対して公開直後1200円割れまで入って、その後も長く1400円前後で株価が低迷状態だったわけです。株式投資に不信感を抱いた投資家も多かったと思います。それがついに公開から9カ月近く経過して、やっと元値に戻ったことは株式投資に対して一定の安心感を与えたのではないでしょうか。

安定的な業績が見込める会社であれば〈株は長く保有していればいいんだ〉と株式投資の王道を肌で会得したかもしれません。投資家は日経平均など指数の動きよりも自分が保有している株の動き、自分が儲かったか、損したかで、投資への気持ちが変わってくるも

8月9日公開して約9カ月
やっと公開価格1500円を奪還した

ソフトバンク(9434/T)　日足2018/12/03〜2019/08/21

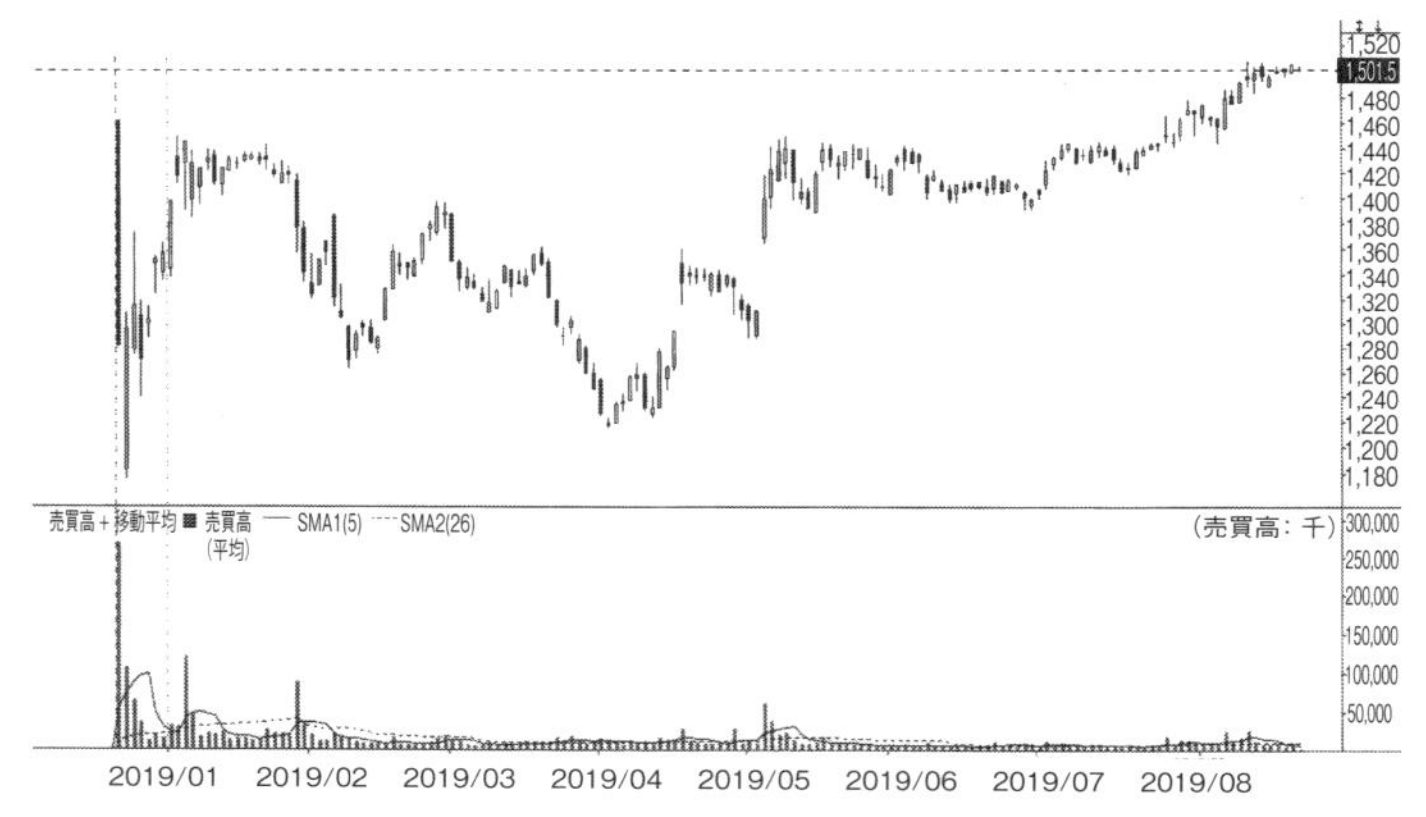

のです。そういう意味では日本の個人投資家が一番保有しているソフトバンクの値段が戻ってきたことは、日本の個人投資家の気分を大きく変え、今後の日本の株式市場の将来的な姿も変えてしまう可能性もあると思います。そのような株式投資に対して前向きな姿勢がすぐに出てくるとは思いません。しかし日本人全体がゼロ金利の不合理さに気づいて〈株でも買ってじっくり保有しているほうがいいな〉と当たり前の資産運用のやり方に目覚めればいいわけです。

これがやがて〈金利のない預金なんてバカバカしい〉という当然の考え方に変化していくことでしょう。多くの日本人があまりに保守的な預金に偏った資産運用のやり方を見直し、世界の潮流として当たり前である投資手法に目覚めれば日本を取り巻く投資環境も変わってくる可能性が高いわけです。個人金融資産1800兆円の少しでも動き出せばそのインパクトは強烈なのです。

いずれにしても今回のソフトバンクの1500円奪還は目立ちませんが、今年の日本の投資家の変遷を考える上でもっとも重要な出来事、変化点になっているかもしれません。いいように考えれば、多くの個人投資家がソフトバンク株を通じて貴重な投資の体験をしたとも言えるでしょう。購入した株式が下がって、その後上がってきたという、株としては当たり前の上げ下げを体験しながら、結果的に儲かってきたことは何よりも貴重な大きな体験になるはずです。

平成元年今から30年前の12月29日、日経平均は3万8915円という史上最高値をつけました。その後バブル崩壊となって日経平均は30年に渡って高値を抜くことができません。株は本来時間とともに上がり続けるものです。日本のように30年間も株式が低迷状態を続けた国など人類の歴史に存在していないのです。平成時代は株が下がり続けるという人類史にとって稀有な状況が起こりました。その異常体験をして我々日本人は極端な〈株アレルギー〉を持つようになりました。ゼロ金利なのに配当が取れる投資対象、〈株式〉に対して必要以上の恐れを抱き、自らの資産を増やすすべを放棄しているのです。

時代が変わります。〈令和〉の時代は〈平成〉とはまったく違った時代になるでしょう。永遠のデフレもなければ永遠の株安もありません。平成元年、1989年初頭、〈日本の株式が下がり続けることになる〉と予想した人は日本中一人もいなかったでしょう。時代は変わります。〈令和〉の時代は誰も想像したことのないような株高の時代が到来すると思います。

日本株は安い

それでは現在の日本株の水準はどの程度なのでしょうか？　これが実は驚くほど安いのです。普通考えるとアベノミクスが始まったときは日経平均が8000円台でしたから、現在そのときより倍以上になっていますので、〈株価は高い〉と感じるかもしれません。しかしそうではありません。株は企業価値を表すものです。例えばあなたを一つの会社と見立ててみましょう。あなたが現在1000万円持っていて、年々お金がたまっていって3年後に3000万円お金を持ったとしましょう。その場合、あなたの株は3倍になってもいいのではないでしょうか。3倍のお金を持ったのですから。

日本の企業は儲かっています。今年まで連続して史上最高の利益を更新してきたのです。その利益の蓄積が相当たまっています。現金だけでも日本の上場企業は120兆円を超えて保有しています。日本企業はちょっとくらい利益が減っても、びくともしないくらい資産を持っているのです。当然、日本企業の利益の蓄積が10年前とは大きく違っているのですから、たとえ若干の利益が減ってもその会社の価値が大きく低下するわけではないでしょう。膨大な資産なり現金や株なりを保有している会社はそれなりの評価があっていいと思いませんか。この企業の持つ資産価値、純粋には企業が解散したときはどのくらいの価値があるのか、現金や土地やさまざまな資産です。これを図る指標が株価純資産倍率、PBRというものです。このPBRが日本株は約1・0ときわめて低いのです。米国株ではこのPBRは2・0、バブル期1980年後半の日本株のPBRは5・0でした。

PBRが1ということは、その会社の解散価値と一緒ということです。その会社は解散しても同じ、その程度の価値の会社であるという評価です。PBR1・0はあまりに低評価、安すぎるわけです。

ところが日本株の場合、PBRをみると8月29日現在でトヨタが1・0、ホンダが0・

52です。自動車産業の先行きが厳しいことはわかりますが、日本を代表するこれら自動車株の雄が企業としてまったく評価されていないように感じます。電気産業を例にとってみますと、京セラが0・96、リコーが0・76、セイコーエプソンが0・94です。これら日本を代表する技術力を有する企業が解散価値にも届かないとは異様な安さではないですか。機械をみると三菱重工は0・94、IHIは0・91です。メガバンクはもっと悲惨です、三菱UFJFGは0・39、三井住友FGは0・43、みずほFGは0・44です。メガバンクは配当利回りも5％近くあって、解散価値の半分にも買われていない。確かに銀行業の先行きも厳しいが、これは売られ過ぎではないでしょうか。この水準で購入して高配当をもらい続ける投資は危険きわまりないのでしょうか？　これは日本株の氷山の一角であって、日本株全体が解散価値程度の評価に甘んじているのです。安すぎます！

株価を図るもっともポピュラーな指標はPER（株価収益率）という指標です。これは利益に対して株価がどの程度の水準にあるか、を図る指標です。1株あたりの利益に対して株価が何倍に買われているかをみるものです。

このPERが現在、日経平均でみると11倍台、これは2012年11月から始まったアベノミクス相場の中で一番安い水準なのです。ちなみにバブル期のPERは60倍から80倍で

日経平均採用銘柄はPBR（株価純資産倍率）1倍ギリギリまで売られている！　安すぎる現状！

225種PBR（倍）月足　2013/09〜2019/08

日経平均採用銘柄のPER（株価収益率）はアベノミクス相場の始まって最低ライン！　安すぎる現状！

225予想PER（倍）月足　2013/09〜2019/08

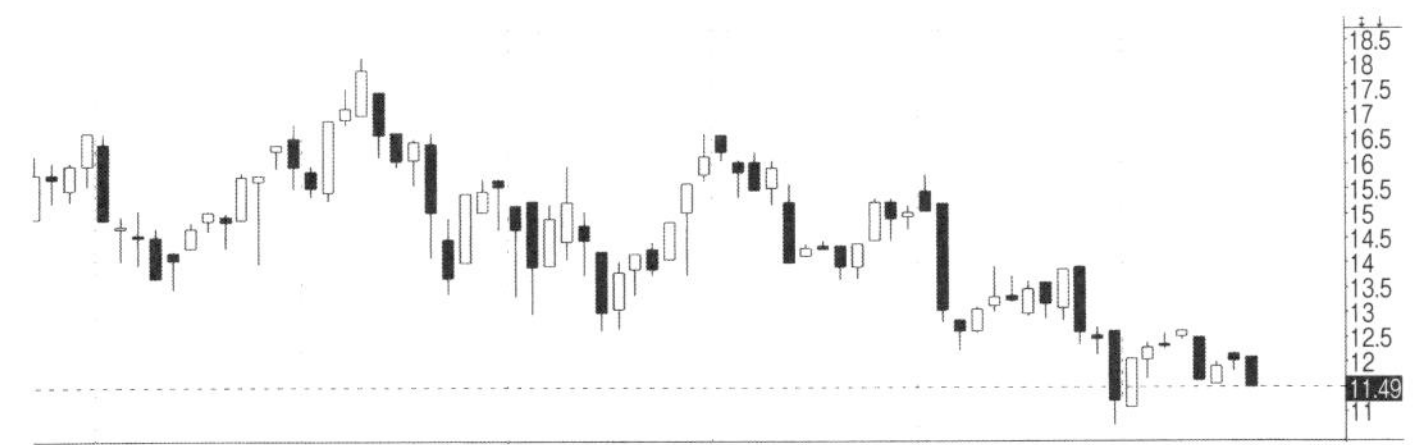

日経平均採用銘柄の配当利回りは上昇する一方！ゼロ金利時代にこの高配当！

225種予想利回り（%）月足　2013/09〜2019/08

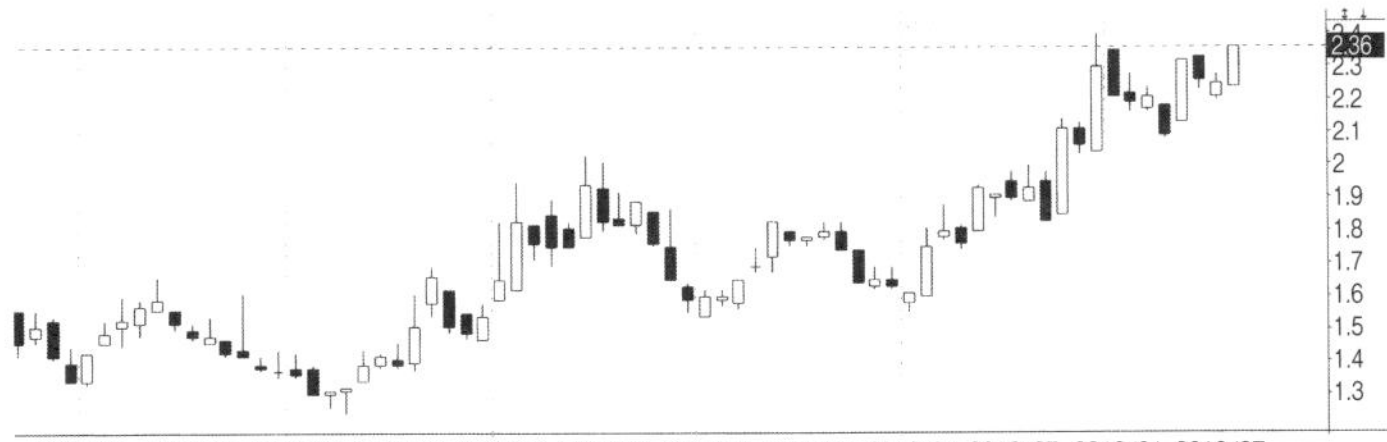

した。現在の日本の株価が利益水準からバブル期並みに買われれば日経平均15万円になることを覚えておいてください。当時はそれを誰も疑問に感じなくて、ジャパン・アズ・ナンバー1ということで、さらに上昇していくと確信していたのです。当時は株が下がる、下がり続ける時代がくるなどと夢にも思わなかったのです。

あなたの会社の利益が5倍になれば、株価が5倍になってもいいのではないですか。2012年の日経平均8000円台から確かに株価が倍以上になりましたが、利益はそれ以上に増えているのです。ですから日経平均2万円の株価は決して割高ではないのです。

もちろん、現在米中摩擦や中国経済の失速懸念や円高懸念があって、先行きは難しいところがあるのは事実です。でも先に指摘したように日本企業の財務体質は盤石、半分の企業は無借金です。日本企業の財務は世界で突出して強固なのです。企業が膨大な資金を持っていれば、たとえ1年2年利益が減少しようが屋台骨はびくともしません。もちろん企業によって濃淡はありますが、日本の企業は総じてきわめて強い財務基盤を有しているのが実情です。

ですから先行き不透明な事象はいろいろありますが、あまり必要以上に恐れないほうがいいと思います。金持ち企業であれば多少業績悪化しても配当を続けられますし、現在では株主還元が当たり前という考えになってきているので、企業側も株主に報いようとする姿勢が鮮明なのです。

国が政策を変えたことも大きいです、特に年金を運用するGPIFがその運用資産の半分までも内外の株式に投資するようになっています。われわれの年金は株式投資によって増やす体制ができてきています。当然政府も企業側に株主に報いるように指導しています。株主は優遇されるのです！

バブル期までの金利の高い時代であれば、資産を堅く安定的に増やすことも可能でした。バブル期のように金利が8％もあると10年もすれば預金しているだけで資金は倍になったのです。当時は郵便貯金で10年で倍になりました。それでもその当時多くの人が株を購入しました。現在は金利がありません。いまの預金金利ではお金を倍にするのに約7000年もかかるのです。株式投資を行わないでどうやって乗り切るというのですか。

「日銀が買い支えて日本の株価は何とか値段を保っている」「やがて日銀が売るだろうから株価は暴落するだろう」何を言っているのでしょう？　驚きますがマスコミや多くの識者がこういう見解を持っています。こういう意見を聞くとマゾかと感じてしまいます。

普通に考えれば、中央銀行である日銀が買い続けているのですから、株が暴騰してしま

高配当続出中の日本株(東証1部)

	コード	銘柄名	配当利回り	現在値		騰落幅	一株配当受取額	予想純利益伸び率	決算期
1	6810/T	マクセルHD	20.50%	1,395	↓	+20.0	286.00		2020/03
2	8103/T	明和産	10.25%	546	↓	+19.0	56.00		2020/03
3	8616/T	東海東京	7.22%	277	↓	+6.0	20.00		2020/03
4	7224/T	新明和	7.08%	1,228	↓	+23.0	87.00		2020/03
5	8707/T	岩井コスモ	7.00%	1,071	↓	+21.0	75.00		2020/03
6	2428/T	ウェルネット	6.97%	717	↓	−6.0	50.00	+33.7%	2020/06
7	6986/T	双葉電	6.95%	1,265	↓	+20.0	88.00		2020/03
8	2914/T	ＪＴ	6.83%	2,252.5	↑	+18.0	154.00		2019/12
9	8304/T	あおぞら	6.35%	2,455	↑	+12.0	156.00		2020/03
10	8586/T	日立キャピ	6.21%	2,061	↑	+26.0	128.00		2020/03

うのでは？　とか日銀が円紙幣を印刷して株を買っているから相当株価は上がるだろう、と考えるのが自然ではないでしょうか？　普通であればそういう発想になるのではないでしょうか。

「日銀は買った株を将来売らなければならないから株は暴落するはず」とか、わかりもしない将来の先の先の先の心配で株の下げを想定するのでしょうか？　信じられない悲観的な発想です。しかし現実に多くの識者がこういうことを言うので投資家なり普通の人は多大な影響を受けて、株式投資を敬遠している傾向はあると感じます。

私、朝倉慶はリーマンショックの到来を予想してそれが現実になったので、世に出ることができました。また証券関係の仕事をしているときもバブル崩壊後は株を売りまくっていたほうで下げて儲かるというような投資手法をとっていたので、株が下がることはまったく抵抗感を持っていません。株は上がったり下がったりするものです。

それでも今の私はこんな株価が割安なところで、こんな配当をくれるところで、こんな解散価値にまで売られているところで、また政府が目一杯支援してくれるところで、株を売る気など毛頭ありません、株は「買って買って買いまくるべき」と確信しています。

投資は〈腹〉でやる

株式投資で一番大事なものは何でしょうか？　経済を研究する、チャートを見る、業績を見る、さまざまな基本的な勉強は大事でしょう。株価を図る上では高い、安いと言っても違う角度からみると、まったく逆の見方になることもあります。株で儲けるのはきわめて難しく、いまではＡＩによるコンピューター取引も盛んに行われていて、ＡＩによる超高速取引が市場を席巻していますので、とても株式市場は素人の投資家が近付けないところというイメージもあります。そしてそのように超高速取引でＡＩや海外のヘッジファンドに市場がいいように動かされているのは事実です。

それでも株式市場に目を向けないわけにはいかないと思います。ゼロ金利のなか、年金だけで将来を過ごせる時代ではありません。金融庁の市場ワーキンググループが〈老後資金に2000万円必要〉という試算を出して大問題となってしまいました。政治的な悪影響を恐れて政府は否定しましたが、誰もが〈2000万円〉問題を内心意識していることでしょう。老後に年金以外の資金が必要なことは一面、事実でしょう。程度の問題はありますが、金融庁の指摘は否定できません。どうやって資金を増やすのですか、資産運用しかないでしょう！

自分の将来は自分で切り開いていかなければならず、そのためには株式投資は必達のものです。先に書いたように日本人は投資の成功経験がなく、投資に対して異様に臆病になっていますが、それでは済まない時代が訪れようとしているわけなのです。株式投資抜きの老後を考えるのは難しい情勢です。

ではは投資に一番必要な要件は何でしょうか？　それは〈腹〉です。〈腹〉とは何か？度胸を決めるということです。

先のソフトバンクの例ではないですが、株式投資に不確定要因はつきものです。明日は何が起こるかわかりませんし、購入した株式が見込み違いで大きく下がることは多々あるのです。安定株で堅いと思った企業がとんでもない不祥事を起こすこともあります。昨今のかんぽ生命の例などは典型です。

かつて株式市場では資産株の代表は東京電力と言われてきました。電力株は地味ですが、業績は安定していて配当も安定的に出されていて、投資としては面白くないが、投資対象として堅い、というイメージだったのです。ところがその東京電力があろうことか、東日本大震災で原発事故を起こして国の支援の下、やっと存続しているような状態になってしまったわけです。もちろん株は暴落、配当など出せるはずもありません。株式投資においては、こういうことが起きるのです。

こうみると再び〈株は怖い〉〈株はやるものではない〉と思われそうですが、現実にゼロ金利のなか、どうやって資産を守るのか、どうやって老後の資産を形成するのか、という根本的な問題から逃れることはできないのです。具体的に株式投資に背を向けて豊かな資産運用ができるわけはないのです。あなたが圧倒的なお金持ちで、株などで運用しなくても十分な資産があるのなら別ですが、一般的にそうはいきません。そして過去の世界の歴史をみれば例外なく株式投資は預金よりも長い目でみて好結果を出してきているのです。

株式投資で大きな損失を被ったり、我を失ってすべての財産をなくすような人は決まって、精神的な部分で平常心を失って無謀な投資に走ってしまう人です。〈株は儲かることもあれば損することもある〉、〈株は上がることもあれば下がることもある〉、〈株には絶対はない〉、という投資として当たり前のことをしっかり理解して、それを受け入れる強い心を持つことが必要です。

そんな厄介なことするくらいならやりたくない、という人も多いでしょう。しかし資産運用はどうしますか。老後はどうしますか。我々を取り巻く情勢は甘くはないのです。そして日本国は膨大な借金を抱えています。これがインフレなしに将来返せると思いますか？　私はどこかで現在の日本国の抱えている借金が返せないことがはっきりしてくる局面がくると確信しています。そのときにインフレに対応できる資産を持っていないと、金銭的にはどうにもならなくなるというわけです。

いずれにしても投資は〈腹〉で行うという基本的な心構えは覚えておいて欲しいところです。〈腹〉を決めることが投資の上では一番重要なのだ、ということを知ってその後、株式投資や経済への知識を深めていけばいいと思います。知識はどのようにでも深めることができます。しかし知識ばかり大きくなっても、投資は〈腹〉で行うという肝心の心構えを知らなくては、投資の勝者になれることはありません。

第9章

注目の銘柄はこれだ！

今回は私にいいアドバイスをしてくれる〈アセットマネジメントあさくら〉のスタッフ（どのスタッフも飯より株が好きなタイプ）の一押しの銘柄群を取り上げました。やはり仕事は大好きなことが一番です。投資は自己責任でお願いします。取り上げた銘柄が読者の皆様のお役に立てれば幸いです。

タカラバイオ（4974）は躍進中

当社の証券アナリスト、江口洋康は株の話をし始めると止まらなくなります。アナリストとして自分が発掘してきた銘柄には強い思い入れがあるようで、話し出すと時間を忘れるようです。こういうふうに仕事にのめり込んでいくタイプは、いい銘柄を発掘するものです。その江口の一押しの銘柄がタカラバイオです。彼の話から、このタカラバイオは相当面白いと感じるようになりました。

タカラバイオは遺伝子・再生医療の関連株として古くから人気銘柄の一つでした。昨今のバイオ研究の世界的な盛り上がりからタカラバイオは大きな飛躍直前の成長期に入ってきたように思います。

特に8月に発表になった4－6月決算は目をみはるものでした。営業利益が22億5100万円、前年同期比に比べて45・8％も伸びたのです。もともと今期の上期4－9月までの営業利益の予想は29億1700万円だったので、4－6月だけで77％も達成してしまったのです。そもそもタカラバイオの決算はそれほど期待されていませんでした。と

タカラバイオ(4974/T)日足
2019/05/13〜2019/08/22

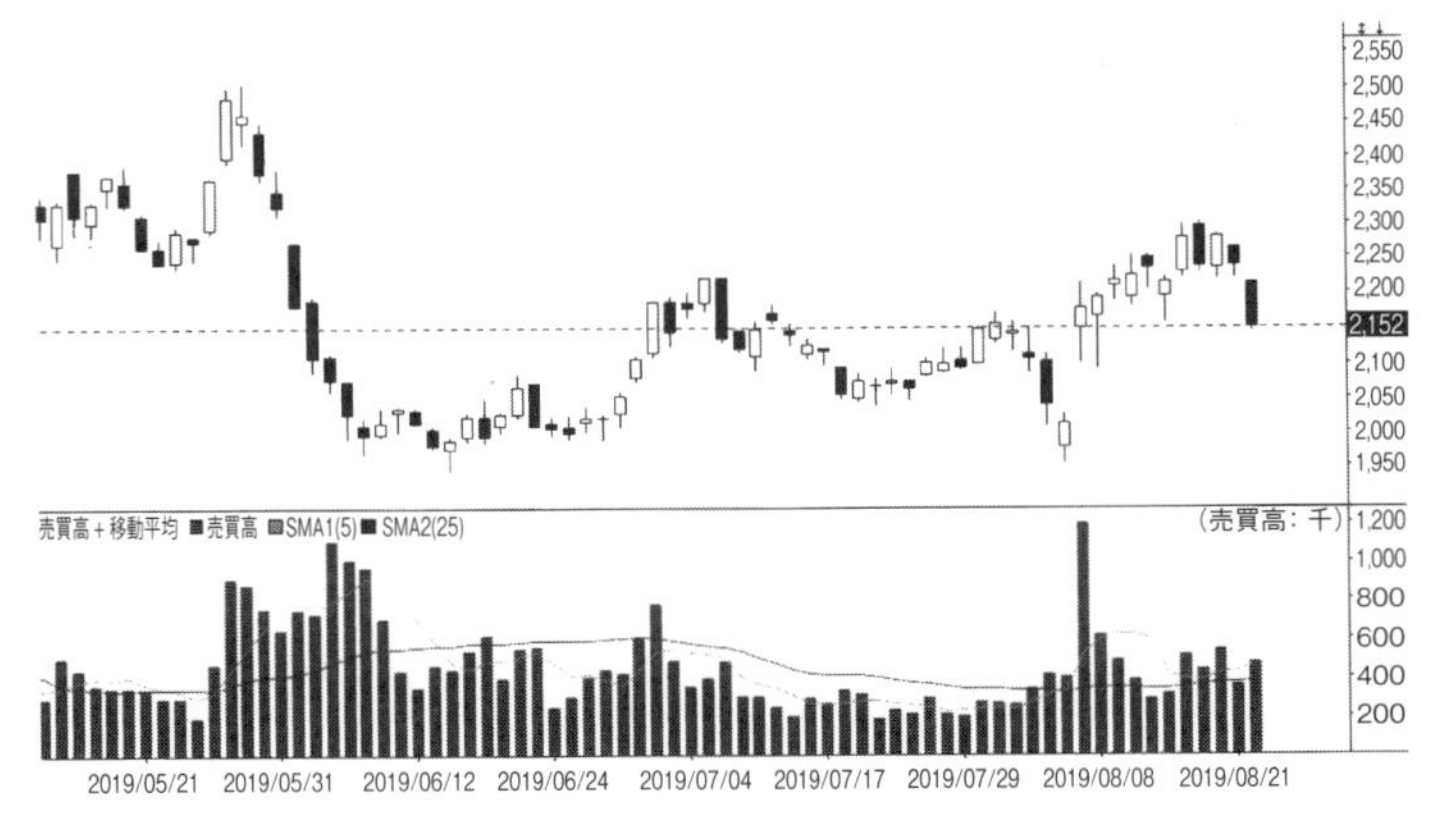

タカラバイオ(4974/T)週足
2018/04/02〜2019/08/19

いうのも昨年の4-6月決算は前期に比べて利益が4・8倍も増えていたのです。さすがに昨年の4-6月はできすぎで、今期はそれほどいい決算は出せないだろうと思われていたのです。

ところがこの凄い決算です。いわゆる試薬——この試薬というのは大学や企業の研究機関が使うものです。薬が世に出るまでさまざまな臨床実験を行いますから、試薬を作って臨床で試すわけです。この場合、タカラバイオは遺伝子治療や再生医療の技術を有していますので、バイオ研究者のニーズにあった薬を巧みに作れるようです。これが現在のバイオブームの中で花が開いてきたようです。

さらにタカラバイオは大きな材料を有しています。制ガン剤です。国立がん研究センターによると、ガンの3年生存率は72・1%にまで上昇してきたということです。昨年から0・8%上昇で年々改善中です。友人や知り合いでガンになったという人も聞きますが、ひと昔前と違って、「ガンだから助からない」とか「不治の病である」という世間のガンに対しての認識も変わりつつあるようです。

現実に前立腺ガンでは3年生存率が99・2%、乳ガンでは同じく3年生存率が95・2%です、大腸ガンは78・7%、胃ガン75・6%と続きます。こう見ていくと、すでにガンは不治の病ではなく、治る病気になってきたと言っていいでしょう。ですから最近ではガンと聞いても悲壮感は薄いのではないでしょうか。

そのような状況でもまったく治らない、治すのが難しい厄介なガンがあるのです。それがすい臓ガンです。すい臓ガンの3年生存率はわずか16・9％に過ぎません。すい臓ガンだけは依然、不治の病なのです。

このすい臓ガンの有力な薬をタカラバイオが臨床実験中なのです。ここまで公表された話ですと、薬を投与した6人の患者の中4人で効果が確認されたということです。すい臓は血管があまり通っていないので、静脈点滴だと薬が効きづらいようですが、タカラバイオの薬は内視鏡ですい臓のガン細胞に直接投与するものです。ただこの6人という数字では臨床結果としてあまりにサンプルが少ないので、今後の更なる臨床結果の発表を待たないとならないでしょう。

その後、タカラバイオ自体が正式なアナウンスを行っていないので何とも言えませんが、ここまでのタカラバイオの蓄積された技術力から薬が世に出ることを期待したいと思います。折しも9月末から欧州でガン学会が開かれます。驚くようなニュースが飛び出てくる可能性も高く、ガン関連株の人気化も期待できるでしょう。

地味だけど競争力の高いユーピーアール（7065）

当社のスタッフ、西野匡はネットディーラーでした。証券会社を退社した西野がネットディーラーで大成功、当社に来る前は友人である当社の長谷川伸一と連日、相場や銘柄の情報交換を繰り返していたのです。「西野すごいな」「西野に聞いてみてくれる」私と長谷川の連日の会話でした。その西野が当社に来たいというので、びっくりしました。ディーラーとして成功して〈働く必要のない西野がなぜ？〉と思えますが、私には西野の気持ちがよくわかりました。

ディーラーは孤独です。成功する人はほんの一握りです。たとえ成功したとしても、一人で孤独に金儲けしているのは寂しいものです。ネットディーラーとして成功してお金が増えれば増えるほど（減るよりは格段いいわけですが）、それでも成功が虚しさを倍加させるものです。お金もある程度儲けるとそれ以上、いくらあっても使い切れません。試しにお金のありあまっている人が毎日10万円ずつ365日、使い続けてみようと張り切ってみてください。いかにお金を使い切るのが難しいかわかるでしょう。お金もある程度持ち

ユーピーアール(7065/T)日足
2019/06/12〜2019/08/22

ユーピーアール(7065/T)週足
2019/06/12〜2019/08/19

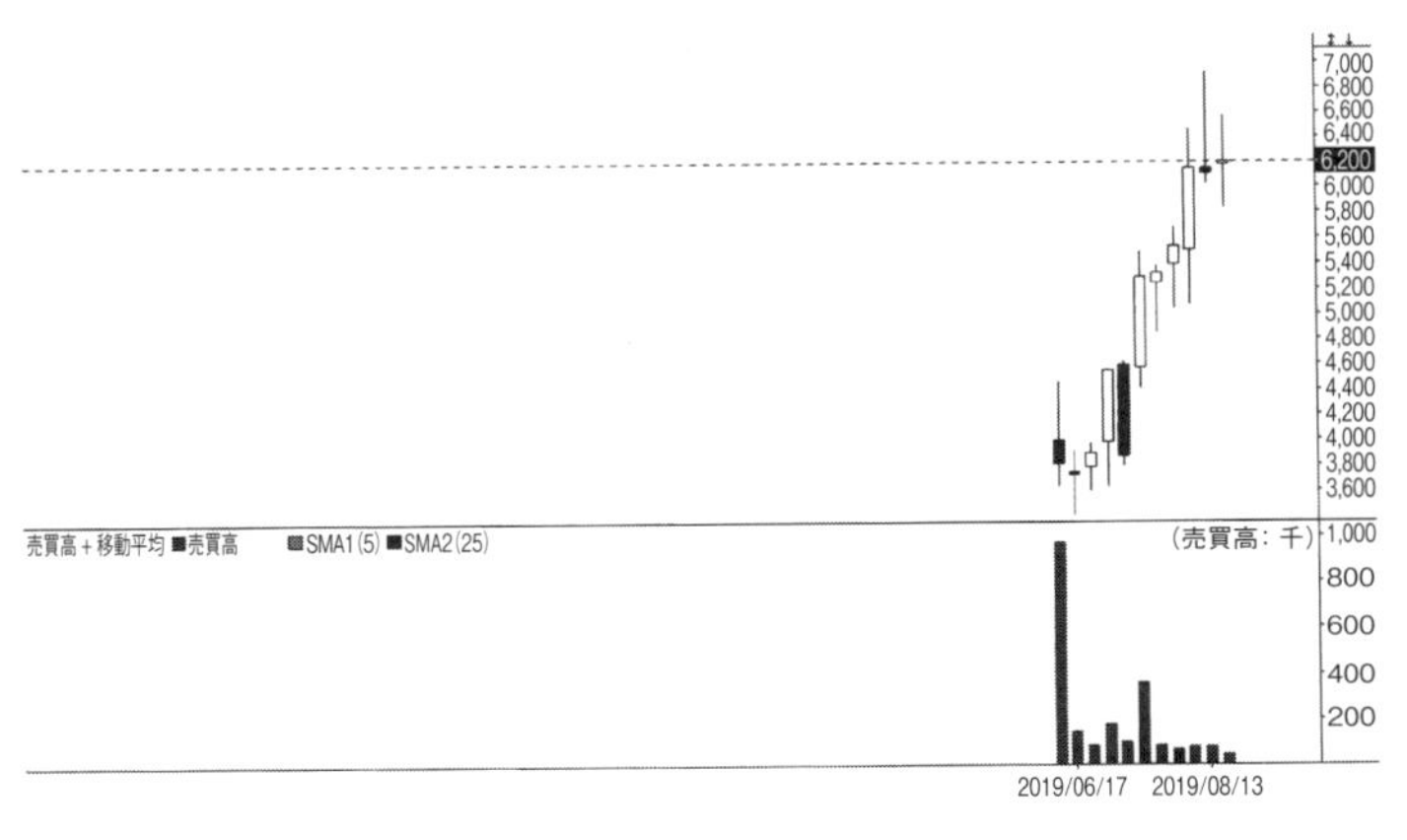

余裕ができると、人間は違ったものが欲しくなるものです。〈他人に喜んでほしい〉とか〈自分が誰かの役に立ちたい〉という人間の本質的な欲求が強くなってくるのです。

西野が当社で働きたいという気持ちは痛いようにわかりました。そして当社は西野に入社したもらったおかげで数段パワーアップすることができたのです。その西野が一押しの銘柄はユーピーアールです。ただ、西野はディーラーとして短期売買で頑張ってきた投資家なので、中長期で上昇するかはわかりません。

ユーピーアールはパレットメーカーです。「パレットって何?」と聞かれそうです。パレットとはよくトラックなどの荷台にある大量の物資を乗せている台です。フォークリフトなどにも乗せて物を運んでいるのを見ると思います。トラックから物を出し入れするとき、このパレットを使えば簡単、たくさん積むことができるので、作業が短時間で終了します。

「あれがパレットか」「そんな物の会社がどうして凄いの?」と思うでしょう。ところがこういう地味で必要なもので、ライバルが少ない業界で発展してきた会社は強いのです。このユーピーアールはリーマンショック時を除き、20年に渡って年々売上を伸ばしてきています(リーマンショック時もわずか1%の売上減)。昨今のトラック運転手の不足状態でパレットはますます欠かせざるものになりつつあるのです。パレットは紛失も多いし、トラックと一緒に荷物を運んでいっても、行き先に着いたらパレットは御用済みでいらなくなります。ところが荷物の流通は膨大です。

ですからユーピーアールはパレットをレンタルさせたり、GPSで居場所を確認したり、別の会社で利用させたりと、ITを使って自社のパレットの流通を巧みに管理するわけです。使用する運送業社に使いやすいようにパレットの流通を管理し、ときには温度や湿度を管理して常時荷物の状態を監視できるようにします。そして同じパレットでも荷物の行きと帰りは違った会社に使ってもらうなど、さまざまな便宜を図っているわけです。こうして運送業社はユーピーアールのパレットをレンタルして自社の商品の物流に役立てるわけです。ユーピーアールはシンガポールやタイにも進出、拠点を設けました。将来は巨大なパレットプールをアジア圏に創出するのが目標です。

日本において人手不足は解消するはずがありません。ますます省力化の必要が出てきます。パレットのような地味な製品が実は大きく伸びていく可能性を秘めていて、しかも地味なのでユーピーアールのような会社は、その業態から過剰な人気化も起きません。実はプロはこういう目立たない着実に伸びる会社をじっくり狙うものなのです。

ユニー買収が大成功のパン・パシフィック・インターナショナルＨＤ（７５３２）

「こんなやつがいるのか！」長谷川伸一の仕事ぶりを目にしたときの衝撃は忘れられません。当時１９９０年代後半でしたが、私は大手証券で独立した形での証券の歩合セールスをやっていました。株がバブル崩壊後下がりっぱなしでしたが、私は空売りが大好きで売りばかりやっていたので、仕事は下げ相場の中、順調でした。株が止めどもなく下がるのでお客様の利益も止めどもないという〈我が世の春〉だったわけです。当時、自分以上の証券マンは日本にいないと自惚れていました。

ところが長谷川が目の前に来て仕事をしていると、彼が推奨してお客様に買わせている株がとてつもなく上がって、お客様の利益が膨大になっていくではありませんか！　これは衝撃でした。世の中の証券マンすべてを見下していた自分は強烈なショックを受けたのです。「自分以上のやつがいる。自分より客に儲けさせる営業がいるなんて」。２０１２年、アセットマネジメントあさくらを創立するときに最初に声をかけたのが長谷川でした。い

パン・パシフィック・インターナショナルホールディングス（7532/T）日足 2019/06/12〜2019/08/22

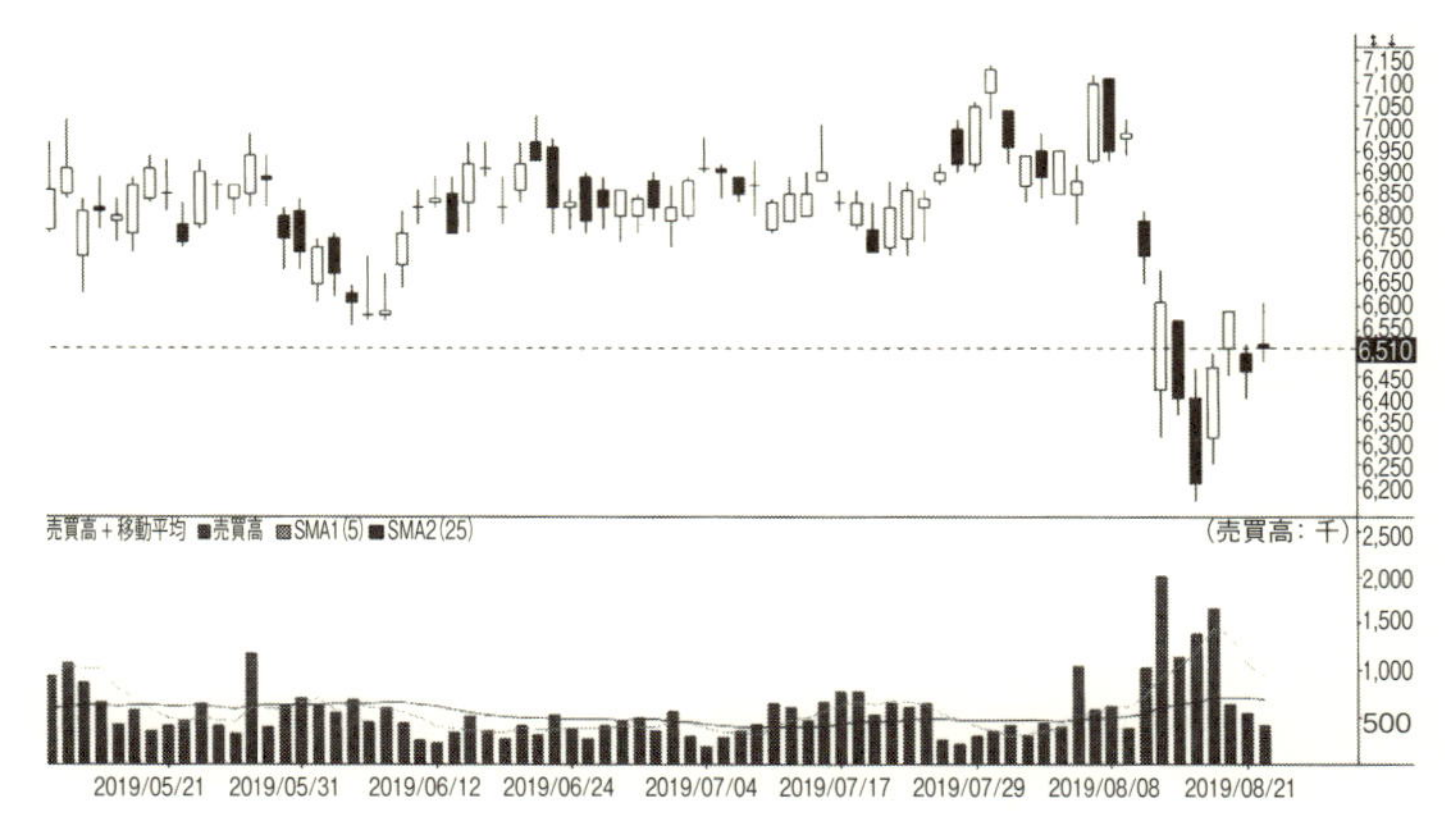

パン・パシフィック・インターナショナルホールディングス（7532/T）週足 2018/04/19〜2019/08/19

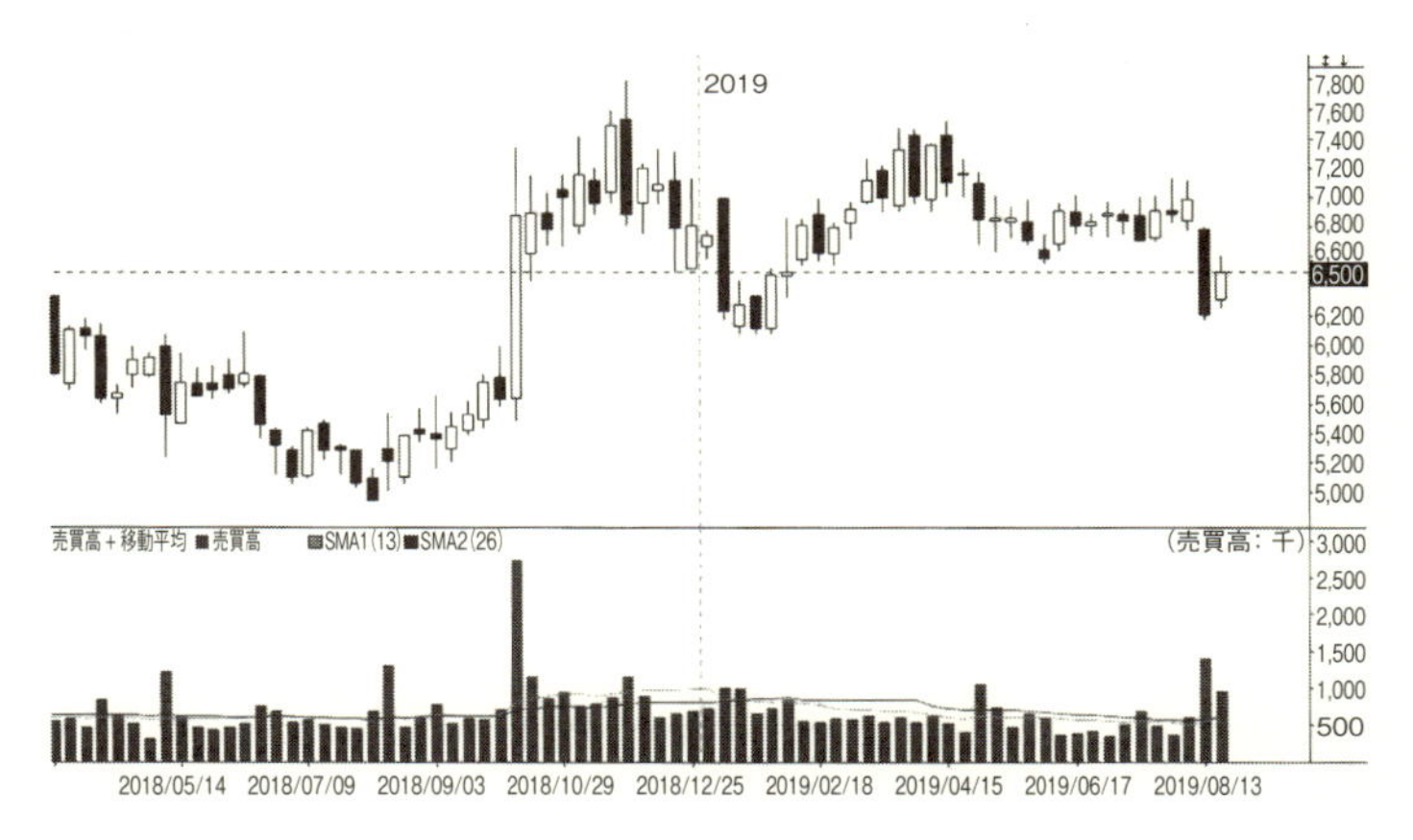

までは銘柄マスターとして業界でもっとも注目される人気者となりました。

長谷川が取り上げる銘柄はパン・パシフィック・インターナショナルＨＤです。こんな長い名前だとどんな会社かと思うでしょうが、旧社名ドン・キホーテと言えば、誰でも知っていることでしょう。今年2月に社名変更しました。

日本の消費は盛り上がりません。10月の消費税引き上げを前に駆け込み需要も期待されていましたが、さっぱりです。逆に消費税引き上げ後、消費が急速に縮むことが懸念されています。そんななか、同社はドン・キホーテ時代から安さを売り物にしてきただけに、消費税引き上げがかえって同社には追い風になるという観測が広がっているわけです。

同社は昨年10月、資本提携していたユニー・ファミマＨＤの子会社である大手総合スーパーのユニーを買収しました。ユニーの１７２店舗は〈ＭＥＧＡドンキ〉もしくは〈ユニーとドンキのダブルネーム店〉に業容転換、収益力の高いドンキ化を一気に進めるわけです。通常小売店が店舗を拡大させる場合、出店費用や人材採用コストなどがかさみ、利益が圧迫されます、ところが今回の場合、旧ユニー店を改装すればいいだけの話です。これが大成功しました、実際に２０１９年2月から6月にかけて旧ユニー店から新ドンキ店に業態転換した10店舗の実績を転換前対比でみると、売上高２２３％、客数１６８％、粗利益高２０７％と驚くべき数字となっているのです。

今後２０２０年６月期に約25店舗、２０２１年６月期中に30店舗、２０２２年末までに合計１００店舗を業態転換する予定となっています。

また訪日外国人にもドン・キホーテは大人気です。特に首都圏では〈品揃え〉〈安い〉〈24時間営業〉〈アクセスが良い〉〈おもしろいものがある〉などの理由で人気になっています。免税販売の一人当たりの平均単価は国内平均の６・５倍というデータもあります。買い物しやすい環境を作り上げていることが大きいのです。

海外展開も加速です。現在アジアに７店舗、カリフォルニアに10店舗、ハワイ28店舗と展開し、今後も東南アジア、米国中心に店舗を拡大させる予定です。訪日客にこれだけ人気のドン・キホーテですから、現地でオープンしても人気沸騰する可能性も高いでしょう。ファーストリテイリング（ユニクロ）に続く日本初のビッグな小売業に成長するかもしれません。

空売り機関に狙われているロゼッタ（6182）

長谷川が取り上げる二つ目の銘柄です。ロゼッタの注目は最大95％の精度を誇る自動翻訳「T-4OO（ver.3）」です。自動翻訳といっても2000以上の専門分野に細分化されており、医薬・化学・機械・IT・法務・金融など難しい専門用語を翻訳できるということです、ここがただの汎用翻訳と違う強みです。

「T-4OO（ver.3）」はユーザーごと各々の会社独自のデータベースが蓄積されていて、AIによる学習効果で使用ごとに翻訳精度が高まっていくということです。翻訳精度は最大95％となっていて、これだけ正確に翻訳できれば、ほぼ人の手による翻訳と大差のない水準です。これにより自動翻訳への見方が一変しました。従来は機械による自動翻訳の精度は60％から70％程度だったのです。これではビジネスなど間違いが許されない重要なところでは、実用化できないというのが大方の見方だったのです。

「T-4OO（ver.3）」の強みは何と言ってもAIが自分で学習して能力が勝手に上がっていくことです。受注は飛躍的に拡大中です。特に新規の受注額の増加が目を見張ります。サービスが始まった直後は2000万円にもいかなかった新規の受注額が3月は約1億4000万円、6月は約2億5000万円と急増しているのです。

国内の翻訳市場は約2800億円とみられています。機械翻訳の普及による潜在的な翻訳市場拡大の余地は非常に大きいでしょう。同社によれば「T-400（ver.3）」を使用することで翻訳業務時間を10分の1に、翻訳外注コストを20分の1にでき、セキュリティーも高まると言うのです。ある大手薬品メーカーは年間の翻訳外注コストを1億円削減できたということです。

かように前途洋々なロゼッタですが、短期急騰、ならびに材料が斬新なことで個人投資家の人気が高いのです。このため株価が急騰したわけです。そこを狙ったのが〈空売り機関〉です。ロゼッタは個人投資家の人気から信用取引の買い残高が大きいので、これを逆手に取ってヘッジファンドの売り崩しの標的になっているようです。同社の空売りには複数社が参入しています。

同社は信用取引を使って売ることができないので、ヘッジファンドなどが株を借りてきて売るという〈やりたい放題〉なのです。ロゼッタの株価の動きはあるとき突然急落するなど株価の動きとして不自然さが目立ちます。意識的に値段を下げさせる目的で売ってく

ロゼッタの日足になります。今回は7月18日と23日の日に大きな陰線を付けていますのでここを解説します

ロゼッタ(6182/T)日足　2018/04/16～2019/08/02

18日の1分足となります。特定の時間帯に突然出来高が急増し株価が押し下げられた場面がはっきり見て取れます

ロゼッタ(6182/T)3分足　2019/07/18 09:00～2019/07/18 15:00

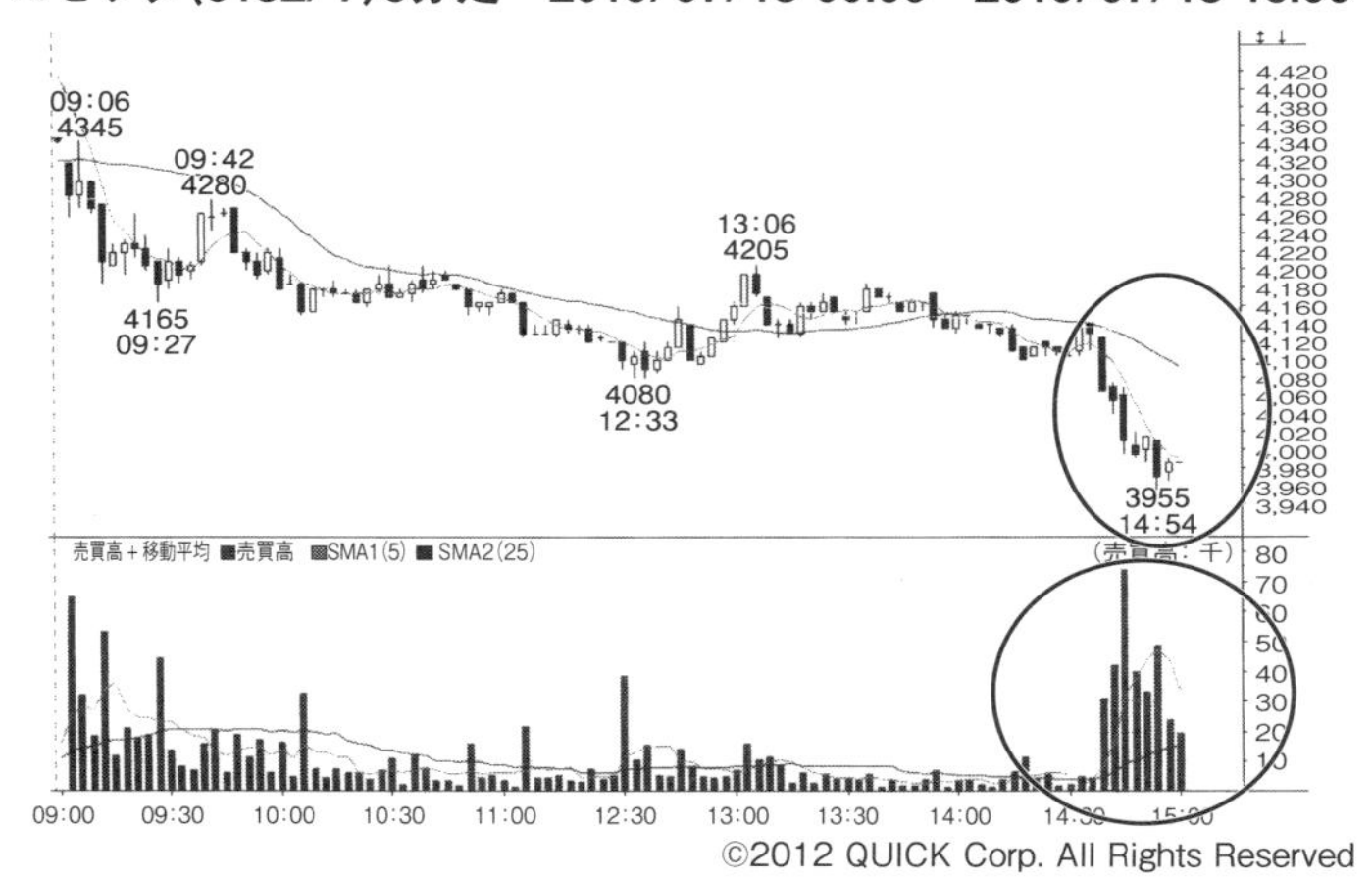

23日の1分足となります。特定の時間帯に突然出来高が急増し株価が押し下げられた場面がはっきり見て取れます

ロゼッタ(6182/T)3分足　2019/07/23 09:00～2019/07/23 15:00

㈱ロゼッタの空売り機関残高情報

計算日	空売り者	残高割合	増減率	残高数量	増減量
2019/07/18	Credit Suisse Securities	0.810%	0%	83,500株	+30.000
2019/07/18	UBS AG	2.250%	+0.190%	231,800株	+18,900
2019/07/18	GOLDMAN SACHS	2.120%	+0.140%	218,515株	+14,100
2019/07/17	Credit Suisse Securities	0.390%	-0.120%	41,000株	-12,000
2019/07/17	UBS AG	2.060%	+0.160%	212,900株	+16,300

63000

その7月18日に実際の空売り機関の売り手口です

計算日	空売り者	残高割合	増減率	残高数量	増減量
2019/07/24	JANE STREET GLOBAL	0.570%	0%	59,200株	
2019/07/24	JPモルガン証券	0.550%	-0.390%	56,900株	-40,100
2019/07/23	Credit Suisse Securities	1.140%	+0.240%	117,600株	+24,400
2019/07/23	JPモルガン証券	0.940%	+0.110%	97,000株	+10,900
2019/07/23	UBS AG	2.400%	+0.150%	248,000株	+16,200
2019/07/23	GOLDMAN SACHS	2.300%	+0.070%	237,215株	+6,800
2019/07/22	Credit Suisse Securitie				

58300

23日の空売り機関の売り手口です

るケースが頻繁に起こるわけです。空売り機関としては上がった株を一気に売り崩すことによって個人投資家の動揺を誘い、信用の買いを投げさせて相場を崩したいようです。

このような日本の個人投資家に人気のついた信用取引の買い残高の大きい銘柄を執拗に売り叩いて相場を潰そうとする動きは日本市場全般、随所にみられます。相場を崩して暴落を狙うのは昔からヘッジファンドの得意とするところです。ロゼッタだけでなく、株価が瞬時で下がったり、異様な動きをするときは株価暴落を狙うヘッジファンドの思惑が絡んでいることが多々あるわけです。

前評判が高くなかったのに3倍超！
日本ホスピスホールディングス（7061）

「うちのお肉は絶品です、本当に美味しいのです！」当社のスタッフ永瀬いづみの入社面接での言葉です。永瀬の実家は馬肉の料理屋さんですが、父親が他界して店の手伝いをする必要があり、17時までの勤務でいいか、という条件で面接にきたわけです。面接での自分の実家に対する強いプライドと熱意をみて感心しました、当社でも十分やってもらえる

日本ホスピスホールディングス(7061/T)日足
2019/03/28～2019/08/19

と思って働いてもらうこととなったわけです。永瀬はもともと金融機関で働いていたので、この仕事は合っているようで楽しくやっています、1カ月間の株の上昇率を争う〈夕刊フジ株1グランプリ〉では常に大活躍しています。女性ですが、株感が冴えているというか、銘柄を見つける目が半端ではありません。

その永瀬の一押しは日本ホスピスホールディングスです。同社は今年3月28日にマザーズに上場しました。上場前の評判はそれほどでもなかったのですが、公開価格1000円に対して1466円で初値がついて、その後も上昇し続け5月22日には3380円と公開2カ月で株価が3倍超となったのです。その後反落、現在に至っています。前評判がそれほどでもなく、これだけ上昇したということはプロの投資家に評価されているということです。

日本ホスピスホールディングスは、末期ガン患者などの終末期ケアを行うホスピス住宅を中心に、訪問介護・在宅介護事業も展開しています。先に指摘したようにガンは治る病気になってきたわけですが、依然、末期ガン患者においては延命が難しいというケースも多々あるわけです。治療が難しい患者に対して延命だけの処置を行うことは、患者を苦しめ病院としてもコストがかかってしまうことから、延命目的の処置は行わず、苦痛の緩和を最優先して、患者が尊厳を保ち得る中で最後の時まで治療を続けるホスピスケアが注目されているわけです。

団塊の世代は2025年には75歳になります。日本全体の高齢化は止まりようもありません。今後、死亡人口は増加していきますし、社会保障費はうなぎのぼりとなっていきます。入院期間の短期化は急務ですし、受け入れ施設の不足は深刻な社会問題となってくるでしょう。どうしても在宅医療の充実やホスピスケアの需要は増えることはあっても、減ることはないはずです。

同社の提供するホスピス住宅は〈自宅の快適さ〉と〈病院の安心感〉の両方が実現可能

となっているようです。医師、ケアマネージャー、調剤薬局等と連携し、医療依存度の高い入居者に対応できる看護体制が整っているということです。2018年1月末時点ではまだ12拠点（1都、2県）しかないため、今後施設を全国的に展開していく余地があると思われます。

腕に覚えのある人におススメする原油ダブル・ブルETN（2038）

最後に朝倉が現在の相場におけるヘッジの手法の一つを紹介します。紹介するのは原油ダブル・ブルETN（上場投資証券）の購入です。この原油ダブル・ブルETNは、日本における原油価格の倍に動くように作られた金融商品です。ETF（上場投資信託）と似ていますが、裏付け資産を保有していない分、ETFに比べるとETNの知名度は低いかもしれません。ただこの原油ダブル・ブルETNは連日商いもできて流動性も高いので売買しやすいと思います。

相場を取り巻く状況は引き続き予断を許しません。米中貿易戦争は激しくなる一方ですし、イランと米国も一触即発の状態が続いています。欧州をみればブレグジットでいよい

NEXT NOTES 日経・TOCOM原油ダブル・ブルETN(2038/T)日足 2019/05/13〜2019/08/22

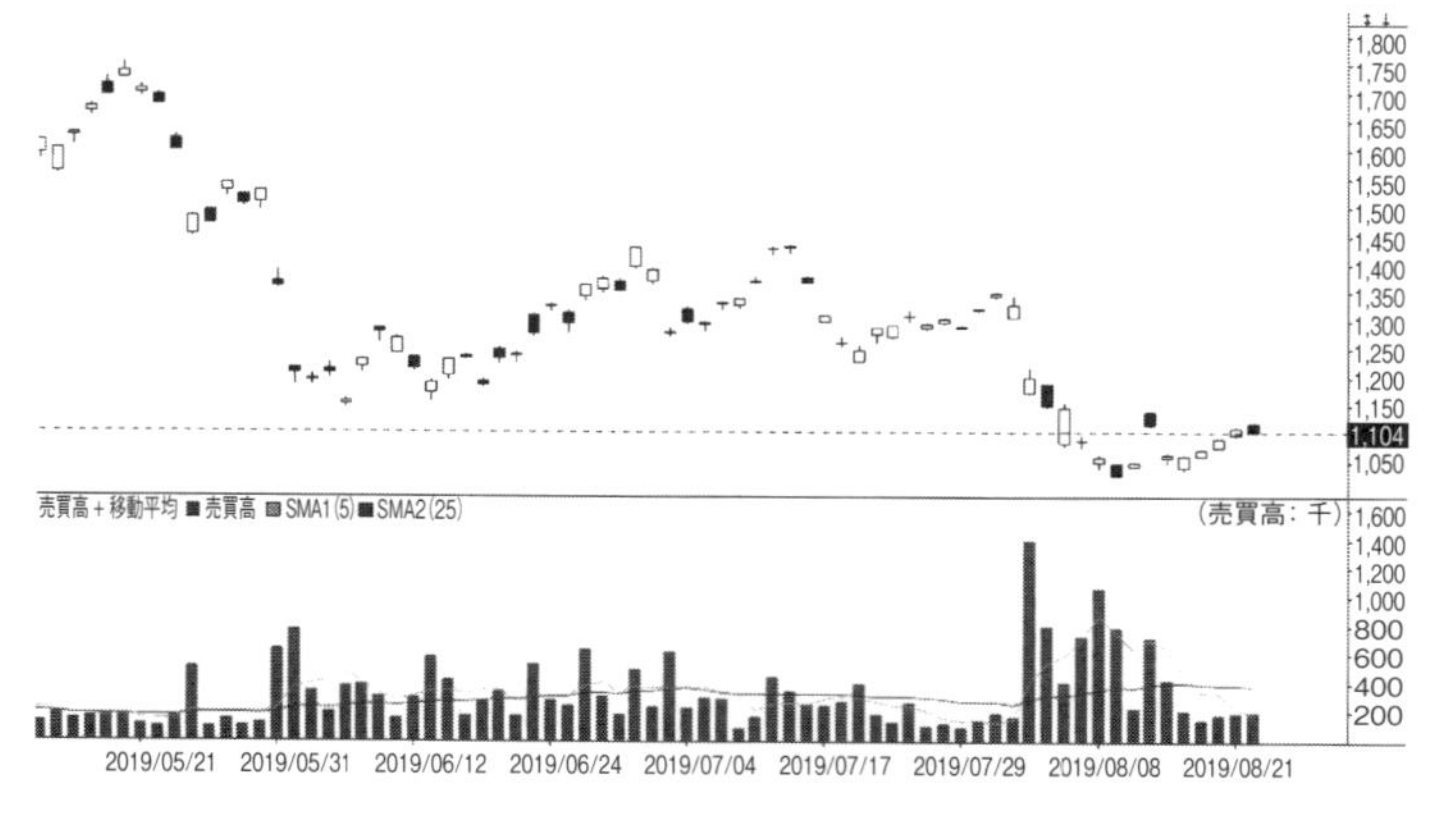

NEXT NOTES 日経・TOCOM原油ダブル・ブルETN(2038/T)週足 2018/03/26〜2019/08/19

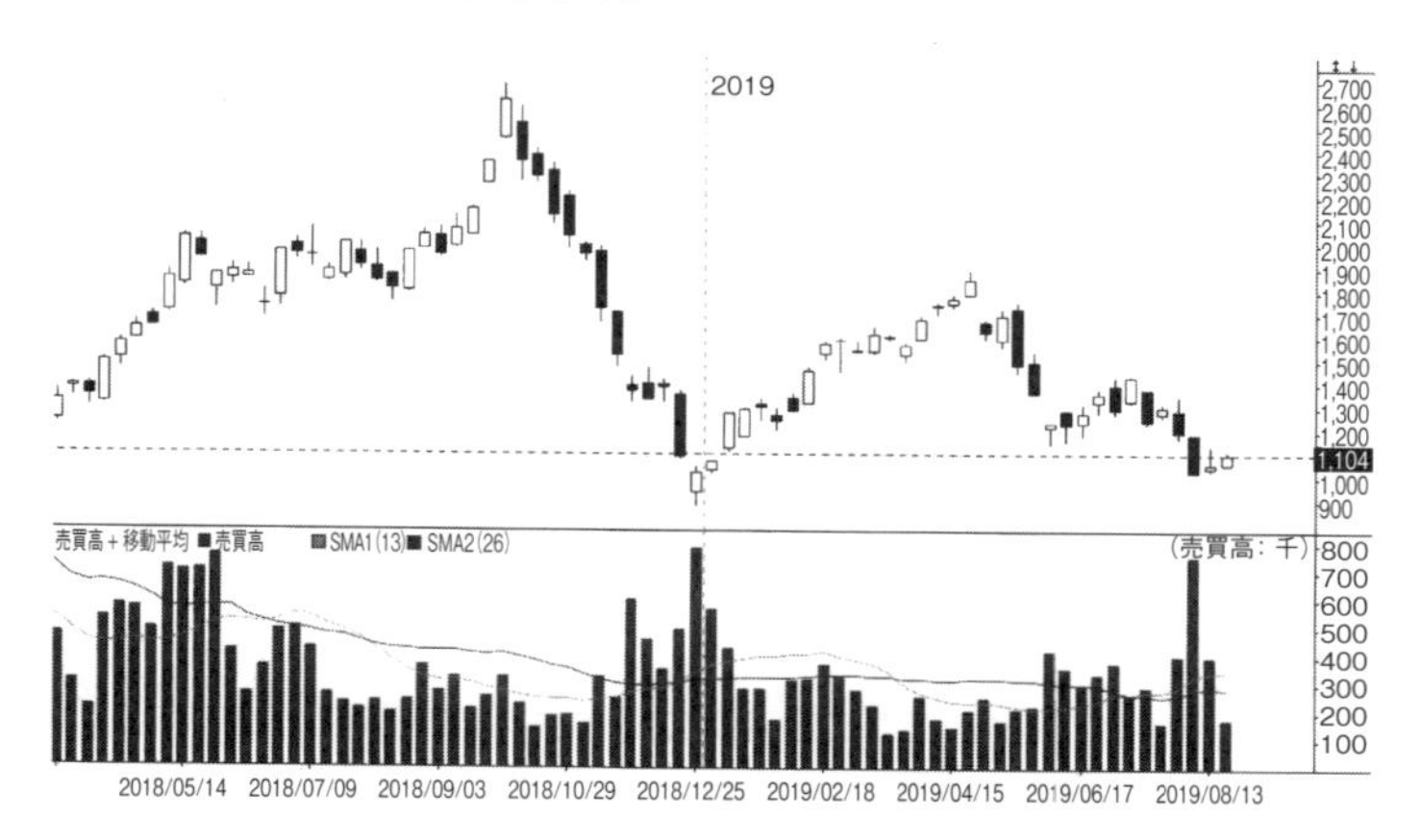

よ英国は合意なき離脱を強行しそうです。インドとパキスタンの対立も深まっています。日韓の関係も悪化する一方です。

かような中、仮に米国とイランの関係が悪化し、両者が軍事衝突、ないしはイランによるホルムズ海峡封鎖の可能性も否定できません。いまのところテールリスク、いわゆる可能性が少ないリスクとみられています。それでもいったん危機が勃発した場合は原油価格が急騰し、他の株価が急落しかねません。原油ダブル・ブルの購入は、そのようなケースに備えるための購入です。

原油ダブル・ブルの価格変動を見てみましょう。原油ダブルブルは昨年10月4日、高値2696円を付けました。このときWTIの原油価格は76ドル台でした。その後、原油価格は下げる一方で12月25日にはWTIの原油価格は42ドル台まで落ちました。2カ月弱で45％の下落です。原油ダブル・ブルはこの倍動くように作られているので、価格は10月高値の半値以下、878円まで急落しました。

この後WTIの原油価格は今年4月65ドルまで上昇しました。そのため原油ダブル・ブルは大きく上昇、1896円を付けました。昨年12月の時点から倍化したわけです。そしてその後、原油価格が再び下落となりましたので、8月22日現在1104円です。このように原油ダブル・ブルは激しく動く金融商品です。投資の初心者が扱うような商品ではありません。

ただＷＴＩの原油価格が仮に１００ドルに行くような展開となれば、原油ダブル・ブルは現在の値段から2倍から3倍近くなる可能性があるので、原油高騰時のヘッジとなるわけです。値動きが激しいので、ヘッジと割り切って投資するものと思います。腕に自信のある方は現在の情勢下で株を保有しながら米国とイランとの一触即発状態に対処できると思います。非常に値動きが荒い商品ですので、割り切った投資姿勢が必要です。

また長期で保有するとＥＴＮ組成のため、コストがかかっている関係で大きく下がる可能性もあります。基本的にこういったレバレッジの効いた商品は1年以上の長期の保有は避けたほうがいいと思われます。

著者略歴

朝倉慶（あさくら・けい）

経済アナリスト。（株）アセットマネジメントあさくら代表取締役社長。1954年、埼玉県生まれ。77年、明治大学政治経済学部卒業後、証券会社に勤務するも3年で独立。顧客向けに発行するレポートで行った経済予測がことごとく的中する。故・船井幸雄氏が著書のなかで「経済予測の超プロ・K氏」として紹介し、一躍注目される。『2013年、株式投資に答えがある』『すでに世界は恐慌に突入した』（以上、ビジネス社）、『株の暴騰が始まった!』『世界経済のトレンドが変わった！』（以上、幻冬舎）、『暴走する日銀相場』『株、株、株！ もう買うしかない』（以上、徳間書店）など著書多数。

アメリカが韓国経済をぶっ壊す！

2019年10月1日　第1版発行

著　者　朝倉 慶

発行人　唐津 隆

発行所　株式会社ビジネス社

〒162-0805　東京都新宿区矢来町114番地　神楽坂高橋ビル5階

電話　03(5227)1602（代表）

FAX　03(5227)1603

http://www.business-sha.co.jp

印刷・製本　株式会社光邦

カバーデザイン　常松靖史（チューン）

本文組版　茂呂田剛（エムアンドケイ）

営業担当　山口健志

編集担当　本田朋子

ISBN978-4-8284-2135-3